Les exilés mentaux

Un scandale français

Jeanne Auber

Les exilés mentaux

Un scandale français

bayard

ISBN 978-2-227-48767-3

18, rue Barbès, 92128 Montrouge cedex

À Julie, Maud, Hadrien et Tristan pour leur courage pendant ces vingt mois d'errance et de combats.

À Anita, notre Marry Poppins.

« Les hommes naissent et demeurent libres et égaux en droits. Les distinctions sociales ne peuvent être fondées que sur l'utilité commune. »

Déclaration des Droits de l'homme
et du citoyen de 1789

« La France est une République indivisible, laïque, démocratique et sociale. Elle assure l'égalité devant la loi de tous les citoyens sans distinction d'origine, de race ou de religion. »

Constitution Ve République

« Maman, tu vas me trouver une place ? »

Julie, mai 2014

Mise en garde

Bien que l'auteure ait choisi d'utiliser un nom de plume pour respecter en particulier la demande d'anonymat de ses enfants, les faits, témoignages, documents cités et courriers sont réels et pourraient être fournis sur simple demande justifiée à l'auteure.

Seules quelques dates ont été modifiées pour l'organisation du récit.

30 septembre 2013

Un bien triste anniversaire

Premier jour de mon arrêt maladie. Je ne me sens pourtant pas malade, juste épuisée, fatiguée, vidée.

Sur ma table de nuit, un exemplaire de *Bonjour, jeune beauté !*, notre livre sur l'histoire de notre fille Julie, publié il y a plus de six mois.

Je relis l'épilogue :

> Après une année 2011 mouvementée, Tristan et Jeanne ont fini par retrouver une jeune fille capable de rire, d'apprendre, de demander qu'on lui lise une histoire le soir. Cette renaissance a été rendue possible par un meilleur contrôle médicamenteux de son épilepsie. Julie peut désormais parler de ses difficultés, de sa souffrance psychologique, de sa peur de mourir pendant les crises. Malheureusement, le foyer qui la prenait en charge n'a pu s'adapter aux spécificités et à la complexité de son handicap.

Julie est actuellement à la recherche d'une nouvelle structure où elle pourra enfin s'épanouir en tant qu'adulte[1].

Je savais bien que ces lignes n'avaient rien à voir avec le mot fin. Depuis plus de vingt ans, notre vie se trouve bouleversée tous les six mois environ. Mais je n'avais pas imaginé fêter cet anniversaire. En septembre 2012, j'étais certaine que notre situation serait résolue en douze mois et que Julie finirait par réintégrer une structure bienveillante. Un mail, un samedi soir à 21 heures, annonçant que l'établissement ne pouvait plus prendre en charge notre fille, nous a au contraire précipités dans une errance sans nom. Choqués, notre première priorité a été de trouver un minimum d'accueil pour Julie, en milieu spécialisé depuis ses 6 ans, en internat depuis ses 14 ans. Les derniers temps, elle y restait même un week-end sur deux. Il était impensable qu'elle se retrouve à la maison, à 22 ans, son temps rythmé par les allées et venues des membres de sa famille scolarisés ou en activité.

Grâce à notre réseau associatif, elle a pu intégrer l'externat de la maison d'accueil spécialisée[2] (MAS) proche de chez nous. L'équipe l'accompagne au mieux

1. *Bonjour, jeune beauté !*, épilogue, Bayard. 2013.
2. Les MAS reçoivent des personnes lourdement handicapées n'ayant pas pu acquérir d'autonomie et dont l'état nécessite une surveillance médicale et des soins constants pour les actes essentiels de la vie courante.

mais les personnes accueillies présentent des handicaps bien plus lourds qu'elle. Beaucoup sont en fauteuil, ne disposent pas de la parole. Cette solution initialement provisoire, pour un trimestre maximum, perdure en réalité depuis plus de onze mois et semble devoir se prolonger de manière indéterminée. Julie nous dit parfois s'ennuyer, mais elle a indéniablement créé là des liens rassurants après la violence de son exclusion. Cette année lui a été profitable. Elle semble davantage posée, exprime de plus en plus d'émotions, réussit à mieux contrôler ses réactions à la frustration. Ses lunettes ont même tenu sept semaines, record absolu !

Nous avons eu aussi la chance de rencontrer Anita, auxiliaire de vie. Toutes deux consacrent des heures aux activités manuelles, découpage ou collage. Julie adore. À d'autres moments de la journée, elles vivent de folles aventures à travers des peluches ! Anita part même chaque soir, le sac chargé de Bourriquet[3] – peluche préférée de Julie – avec la mission d'en prendre soin ! Il leur arrive également de danser autour de la table de la cuisine en fredonnant un air de Mary Poppins !

3. Bourriquet (*Eeyore*) est un personnage imaginé par Alan Alexander Milne en 1926 dans le livre *Winnie the Pooh*. Bourriquet est un âne bleu, mélancolique et pessimiste qui, bien qu'acceptant son infortune et les aléas de la vie, n'a que rarement le moral.

Quand je regarde Anita, l'espoir m'envahit. Sans formation ou expérience spécifique, elle a une attitude simplement juste, créative et totalement adaptative. Elle est entrée chez nous sans idées préconçues, sans peurs, sans principes. Les premières semaines, elle me disait : « Je vous regarde faire pour utiliser vos petites astuces. » Elle a su immédiatement voir notre enfant au-delà de son handicap.

Malgré tout, la présence de Julie, à temps plein à la maison, est épuisante. Pendant plus de six mois, ses nuits étaient peuplées de cauchemars, elle répétait : « je vais être virée, je vais être virée », fuyait sa chambre. Une étrange valse nocturne des matelas et de leurs occupants s'est poursuivie pendant des mois avant qu'elle n'accepte d'y dormir. Aujourd'hui encore, les nuits restent courtes ou très fragmentées, et les week-ends bien éloignés du concept de repos hebdomadaire.

D'octobre 2012 à mai 2013, nous avons écrit, téléphoné à des dizaines de foyers[4]. Devant l'accumulation des refus et de la fatigue, à force d'entendre des familles, des professionnels, nous conseiller à demi-mot – « Vous

4. *Bonjour, jeune beauté !*, *op. cit.*, p. 112.

savez, il y a des établissements très bien en Belgique » – j'ai commencé à me renseigner et à adresser des dossiers au-delà de nos frontières. Sans vraiment savoir pourquoi.

L'éloignement, nous l'avions déjà vécu pendant six ans, lorsque Julie était près de Lille et nous, en région parisienne. À son retour en Île-de-France en 2011, Hadrien, son frère cadet, avait exprimé ainsi son soulagement : « Au moins, plus tard, nous aussi on pourra aller la voir facilement. » Je souris car c'est peut-être lui qui partira travailler loin de nous. Mais derrière cette phrase, il y a une réalité. Lorsque vous devez faire 5 à 6 heures de route, aller et retour, pour rencontrer l'équipe en charge de votre enfant, l'accompagner à un rendez-vous avec un spécialiste près de votre domicile, ou aller la chercher en catastrophe en raison d'un problème, vous vous épuisez ou vous décrochez. Nous espérions ne jamais avoir à revivre cela.

En mai 2013, j'ai donc cédé, de guerre lasse.

En quelques jours, on me proposait des rendez-vous dans des délais raisonnables, la transmission de notre dossier à plusieurs structures et même une évaluation à notre domicile. Une réponse que nous n'avions jamais reçue de la part d'établissements français. Une autre approche du handicap.

Hadrien, 20 ans, et Maud, 14 ans, me regardent avec inquiétude ce matin. Ils ne m'ont jamais imaginé ainsi, en arrêt maladie à la maison. Où est passée la mère médecin, femme combative, qui avait tenu la barre malgré la répétition des événements ? Elle se retrouve là, en robe de chambre, sans programme pour sa journée. « Mais maman qu'est-ce que tu vas faire ? » Les mots d'Hadrien, comme souvent, ont un effet déclencheur : si mon aînée doit partir en Belgique dans les mois à venir, il me faut comprendre. Je ne peux pas accepter cet exil en silence.

1er octobre 2013

Combien au juste ?

Julie a mal dormi. Vers 2 h 30, j'ai essayé de la convaincre de regagner sa chambre et de « faire un câlin ou raconter une histoire ». Elle recouvre parfois le sommeil en quelques minutes. Mais là, impossible, elle voulait que ce soit l'heure du petit déjeuner, du bain. J'ai tenté de la calmer car j'ai toujours peur qu'elle ne réveille l'ensemble de la maisonnée. Nous nous sommes finalement rendormies vers 5 heures. Je n'ai pas eu la force de réintégrer notre chambre et l'agitation corporelle d'une Julie endormie a ponctué la fin de ma nuit.

Après son départ pour la MAS à 9 h 30, je me dirige vers le bureau, bien décidée à répondre à cette question : combien sont-ils ? La vue des nombreux rapports entassés me décourage. Je me souviens des mots de Tristan quand il m'a vue rentrer les bras chargés : « Et tu comptes en faire quoi ? Les lire la nuit ? »

Les textes se sont en effet succédé depuis près de vingt ans. J'ouvre le premier, le rapport IGAS 2005-43[1]. Il fait référence à un premier document publié en janvier 1995[2], qui déjà avait conduit à la mise en place d'un dispositif de conventionnement afin de résoudre les problèmes de financement que rencontraient les familles. Revenons aux chiffres. Ce rapport 2005 avance le chiffre de 1 900 adultes pris en charge en Belgique, avec une augmentation de 10 à 13 % par an selon les départements entre 1999 et 2004. Il dénombre 1 608 handicapés français de moins de 20 ans pris en charge en Belgique, avec une progression de 4,4 % sur les six dernières années. Ces enfants sont issus de 42 départements français. Parmi eux, 50 % présentent des troubles de la relation (autisme, troubles du comportement, psychoses).

S'ajoutent à ces enfants en structure spécialisée, ceux pris en charge par l'enseignement spécialisé. Le rapport Cambion[3] publié en 2012 clarifie l'ambiguïté du terme.

1. *Les placements à l'Étranger des personnes handicapées françaises*, L. Salzberg, J. P. Bastianelli, P. de Saintignon, rapport IGAS n° 2005-143, septembre 2005.
2. Bilan d'application de la loi du 30 juin 1975 sur les institutions sociales et médico-sociales. Rapport n° 95-1995.
3. Rapport d'information du 4 juillet 2012, fait au nom de la Commission sénatoriale, sur l'application de la loi n° 2005-102 du 11 février 2005, pour l'égalité des droits et des chances, la participation et la citoyenneté des personnes handicapées, par Mmes Claire-Lise Campion et Isabelle Debré.

Il s'agit d'écoles, publiques ou privées, où seuls des enfants handicapés sont accueillis avec un niveau variable d'encadrants selon la lourdeur du handicap :

> « Près de 2 920 enfants français sont pris en charge par l'enseignement spécialisé en Belgique. Environ 50 % d'entre eux sont originaires de la région Nord-Pas-de-Calais. Mais certaines familles n'hésitent plus à déménager dans le nord de la France pour se rapprocher de la frontière, voire à s'installer directement en Belgique. Dans certains établissements wallons, les enfants français représentent parfois plus de 90 % des effectifs. »

Ce modèle choisi par la Belgique est inverse au nôtre qui prône une inclusion dans des écoles dites « normales » avec le support d'un auxiliaire de vie scolaire (AVS). Je repense à Coryne, une amie « sans-solutions » en France et à son fils Charles, polyhandicapé, qui avait intégré l'une de ces écoles belges. Les refus français étaient motivés par la lourdeur du suivi médical de Charles. Elle avait rencontré, avant l'admission en Belgique, un médecin de l'Éducation nationale qui l'avait rassurée, le centre hospitalier étant à proximité. L'accueil est chaleureux et les premiers mois redonnent de l'espoir à Coryne, y compris sur les capacités scolaires de son fils ! Elle en sourit aujourd'hui. Des difficultés lors des transports en ambulance – pris en charge sans difficulté par la Sécurité sociale française – entraînent des modifications d'horaires dans la prise du traitement et se soldent par un coma d'une semaine et quinze jours d'hospitalisation. L'établissement belge justifie difficilement le retard de transfert à l'hôpital. Coryne décide de retirer son fils de la structure après huit mois de prise en charge. Elle se souvient de la réaction de la directrice : « Vous savez, c'était très lourd pour nous, mais on voulait vous rendre service dans votre situation... » Coryne reconnaît la culture d'entraide et d'hospitalité des Belges et leur en est reconnaissante, mais note : « Nous ne sommes vraiment pas sur la même longueur d'ondes... »

Édifiant est le seul mot qui me vient à l'esprit.

Je me suis endormie après déjeuner. Je capitalise mes heures de sommeil pour les nuits futures ! Avant le retour de Julie vers 16 heures, je me replonge dans mes documents.

En 2012, l'Île-de-France a publié un rapport sur les Franciliens, enfants et adultes en situation de handicap accueillis en Belgique[4]. Ce document se limite

4. « Enquête sur les Franciliens en situation de handicap accueillis dans un établissement belge sur financement de la Sécurité sociale », P. Fiacre et coll. CEDIAS-Crehai-Île-de-France, 2012.

aux établissements financés par la Sécurité sociale que sont les instituts médico-éducatifs[5] (IME), les MAS et les foyers d'accueil médicalisés (FAM). Le nombre de personnes à avoir été identifiées s'élève à 506, avec une explosion des chiffres entre 2000 et 2009. Les jeunes représentent 39 % de cette population, et parmi eux 15 % ont de 6 à 11 ans et 54 % de 12 à 17 ans. De très jeunes enfants sont donc placés à plus de 200 km de leurs familles, au-delà des frontières. Seuls 8 % de ces enfants regagnent leur domicile tous les week-ends, 7 % ne rentrant qu'un week-end par mois.

Comment imaginer un petit garçon de 7 ans, par exemple, autiste ou trisomique, séparé de sa famille, à l'exception d'un week-end par mois ! Son handicap nécessite-t-il moins d'amour et de soutien parental dans cette période de construction de soi ?

Trois jeunes sur quatre ont connu un accueil (et parfois plusieurs) en établissement médico-social

5. Les IME accueillent de façon plus spécifique des enfants ou des adolescents, avec handicap important, jusqu'à l'âge de 14 voire 20 ans. Une équipe pluridisciplinaire composée d'éducateurs, enseignants spécialisés, infirmiers, psychomotriciens, orthophonistes, psychologues et psychiatres assure l'éducation, l'enseignement et dans certains cas les soins, la surveillance médicale, une psychothérapie ou des rééducations. La prise en charge vise à favoriser la socialisation, l'acquisition de connaissances, le développement de la personnalité et l'autonomie. L'accueil se fait en internat ou en externat.

français avant ce départ vers la Belgique. La raison de l'arrêt de cette prise en charge hexagonale est liée pour 36 % d'entre eux à la limite d'âge de la structure, à la nécessité d'un internat pour 24 %, et pour 13 % à un besoin d'accompagnement jugé trop lourd. Un chapitre de ce rapport aborde l'insatisfaction des parents qui expriment à la fois la souffrance émotionnelle, le poids financier et l'éloignement contraint. Certains parlent de déchirement.

La population francilienne adulte accueillie en Wallonie est moins bien connue. On note encore que 50 % d'entre eux souffrent de troubles de la relation. Parmi les adultes pris antérieurement en charge en établissement médico-social en France, 20 % présentaient des besoins d'accompagnement jugés trop lourds et ont été exclus sur ce motif. Chez les adultes accueillis, 40 % ont connu une période sans-solutions avant leur départ en Belgique, une période qui a duré plus de quatre ans pour la moitié, plus de huit ans pour un quart et même de quinze à vingt-sept ans pour six d'entre eux ! Mais c'est la conclusion du rapport qui donne la véritable mesure du phénomène : les auteurs de cette enquête réalisée sur deux années reconnaissent qu'ils sont probablement passés à côté des trois quarts des adultes pour lesquels le financement n'est pas assuré par la Sécurité sociale mais exclusivement par les conseils généraux. On compterait donc probablement entre 1 000 et 1 200 Franciliens exilés, sans pouvoir en dire beaucoup plus.

En novembre 2011, M. Chossy[6] remet un rapport au Premier ministre d'alors, au ministre de la Santé et au secrétaire d'État en charge du handicap. Sur la Belgique, il note :

> L'accueil en Belgique reste toujours une réalité cuisante. Entre 2007 et 2009, ce sont plus de 400 places nouvelles qui ont été créées (en Belgique) et réservées aux seuls Français... la France ne pouvant accueillir dignement tous ses ressortissants handicapés, elle les expatrie de l'autre côté de la frontière, certes accompagnés par des conventions types proposées aux différents payeurs pour encadrer la prise en charge financière et limiter les disparités.

Un dernier document de 2012[7] signale, comme les précédents, qu'il n'existe pas d'outils d'évaluation des situations de handicap. Les chiffres annoncés ne font en général état que des prises en charge par la Sécurité

6. Passer de la prise en charge... à la prise en compte. J. F. Chossy. Membre honoraire du parlement, rapport remis à M. Fillon Premier ministre, novembre 2011.
7. Établissements et services pour personnes handicapées. Offre et besoins, modalités de financement (IGF 2012-M-021-01 et IGAS RM-2012-126P).

sociale et les enquêtes sont souvent très approximatives, les maisons départementales des personnes handicapées (MDPH) ne disposant pas d'un outil informatique commun !

Si je résume mes lectures sur la période 1995 à 2012 : le nombre de nos exilés mentaux a probablement doublé et le système d'information fait toujours défaut alors même qu'il est déclaré prioritaire depuis près de vingt ans !

Au total, au moins 6 500 enfants et adultes handicapés mentaux sont en Wallonie, à quelques centaines de mètres parfois de leur terre natale.

Julie viendra-t-elle enrichir prochainement cette population ou supporterons-nous des années d'attente avant de finalement franchir la frontière ?

11 octobre 2013

La bonne question ?

En fin de semaine dernière, la présidente d'une association gestionnaire d'établissements près de Lille m'a aperçue lors d'une réunion au siège de l'Union nationale des associations de parents d'enfants handicapés (Unapei) à Paris. Elle tient à présenter son association comme issue du mouvement parental, elle y voit la garantie d'un regard juste sur les besoins et projets des personnes handicapées mentales.

Tu es en train de craquer, Jeanne. Je ne peux pas te proposer de place, nos listes d'attente débordent. Mais si tu veux, je demande au foyer d'accueil médicalisé de l'association de prendre Julie pour un week-end et, ensuite, de l'accueillir en accueil temporaire, une semaine de temps en temps, jusqu'à ce que tu trouves une solution. Accepte, tu ne vas pas tenir...

En quelques jours, la date du premier week-end est fixée. Bel exemple de l'étonnante efficacité de la solidarité entre les familles, pourtant souvent limitées dans leurs moyens d'action. Mon expérience de l'éloignement ne me permet tout de même pas de me réjouir tout à fait. La fatigue des trajets ne risque-t-elle pas d'annihiler le bénéfice de ces séjours ?

Dans la conversation, nous abordons la question de la Belgique. Elle me recommande, en passant à Lille, de rencontrer Régis Devoldère, président de l'association tutélaire Atinord[1], dont au moins 1 000 majeurs protégés sont en établissements en Belgique. L'accueil téléphonique est un peu froid :

> Je veux bien vous recevoir, mais pas pour vous parler des dysfonctionnements des établissements belges comme le font les journalistes. Je veux qu'on parle du véritable problème qui est purement franco-français : pourquoi faut-il s'exiler en 2014 pour trouver une solution ?

À cette condition, il accepte et m'accueille chez lui, dans un bel immeuble de briques, une ancienne usine rénovée en appartements. Il a aussi été président de l'Unapei de 2000 à 2010. Il est surtout le père de trois

1. Association gestionnaire de tutelle des personnes déficientes intellectuelles.

enfants, dont la cadette, Delphine, âgée de 35 ans, est « trisomique harmonieuse », selon ses dires.

En dix ans de présidence à l'Unapei, il a vu passer neuf ministres différents. Il a essayé de défendre au mieux les personnes déficientes intellectuelles dont il évalue le nombre à 700 000. S'y ajoutent celles présentant des maladies psychiatriques auxquelles s'associent souvent des difficultés intellectuelles, elles aussi au nombre de 700 000. Il est heureux d'avoir fini son mandat par la révision de la loi sur la tutelle en 2007, loi qui dissocie la tutelle à la personne de la tutelle aux biens. Ainsi, le juge peut laisser le droit de vote à un adulte qui ne peut gérer ses finances, ce qui est potentiellement le cas des personnes avec déficiences intellectuelles légères. Mais il insiste sur un point, qui vient tristement confirmer mes lectures : personne ne peut préciser aujourd'hui les besoins de cette population, en termes d'accompagnement et donc en nombre et type d'établissements.

Sur la table de salon, des coupures de presse n'abordent que des défauts de soins ou de maltraitance en Wallonie. M. Devoldère le redit, le problème belge « ce n'est pas ça, ou pas que ça ». Il existe depuis plus de quarante ans, toujours selon le système des vases communicants. Ainsi, lorsqu'une association gestionnaire du Nord a accueilli 20 résidents français d'une MAS wallonne dans un nouvel établissement départemental, les places libérées ont été en quelques semaines prises par des personnes handicapées originaires d'Île-de-France. Certains établissements n'accueillent d'ailleurs que des Français et proposent même plus de 500 places. M. Devoldère s'absente quelques instants et ressort de son bureau avec quelques pages du rapport Chossy[2] de 2003. Il lit :

> Le meilleur est le plus souvent de mise dans ces institutions belges, mais lorsqu'au détour d'un gros bourg de Wallonie on découvre un établissement agréé par la CNAM[3] qui accueille sur un même site le 1/5e des Français en Belgique – 640 enfants, adolescents et adultes – et dont le prix de journée est le tiers de ce qui se pratique en France pour les handicapés concernés, on est en droit de se poser quelques questions. Dans une atmosphère austère et un décor spartiate, on y rencontre des personnes handicapées « dociles » par groupes de 15 dans de grandes salles appelées « appartements » et surveillées par 2 ou 3 membres du personnel. Dans la partie de l'établissement réservée aux enfants, un

2. La situation des personnes autistes en France, besoins et perspectives. J. F. Chaussy. Député de Loire. Rapport remis au premier ministre, septembre 2003.
3. Caisse nationale d'assurance maladie – française.

IMP[4] pour 320 handicapés de 4 à 20 ans, certaines dispositions de la loi française trouvent leur plénitude : le plus ancien des « enfants » maintenus au titre de l'amendement CRETON a 35 ans ! Un record battu à chaque seconde qui passe puisque rien n'est prévu pour que cela change.

Je lui demande si des familles ont réellement choisi cet exil pour des raisons éducatives. Sa réponse est sans ambiguïté : si cela était vrai il y a vingt ou trente ans, en particulier pour l'autisme où la France accusait un retard pathétique, ce n'est plus le cas aujourd'hui.

Des membres de l'association se rendent régulièrement en Belgique pour visiter les majeurs protégés. Pendant des années, ils ne pénétraient jamais dans les « dits appartements » mais une négociation récente lui donne l'espoir d'en voir un peu plus. Il me raconte ainsi une scène hallucinante lors d'une inspection de l'AWIPH[5] : dans une grande pièce, une vingtaine de résidents se déshabillent sur un drap posé au sol, avant la douche commune. Ils font ensuite un ballot de leurs vêtements qu'ils remettent aux éducateurs ! Des images d'un autre temps.

4. Institut médico-pédagogique.
5. Agence wallonne pour l'intégration des personnes handicapées.

Parmi les 1 300 exilés belges sous tutelle gérés par Atinord, plus de 200 sont dans l'établissement cité dans le rapport Chossy. Il regrette la période où la DDASS[6] connaissait les structures, garantissant un minimum de contrôle. Les instances actuelles n'ont hélas aucune pratique du terrain, me dit-il.

C'est alors qu'il me parle du « phénomène de Roye ». Sur une aire de l'autoroute A1, à mi-distance entre Lille et Paris, plusieurs bus ramènent ces Français handicapés accueillis en Belgique, un week-end par mois au plus. Les familles retrouvent leur proche sur un parking et ne se rendent donc quasiment jamais sur son lieu de vie. Lorsque Julie était prise en charge dans le Nord, il m'est ainsi arrivé d'aller la chercher au nord de l'aéroport Charles-de-Gaulle quand le taxi relais[7] n'était pas disponible.

Mais pour M. Devoldère, la raison de cette situation est purement économique. Il chiffre à plus de 250 millions d'euros la somme versée par la France chaque année pour de tels services ! Des sociétés luxembourgeoises investiraient en Wallonie dans l'ouverture

6. DDASS : direction départementale des Affaires sanitaires et sociales.

7. Pour les mineurs, le transport est en théorie pris en charge par les établissements et des taxis sont requis pour les acheminer jusqu'au domicile.

d'établissements non conventionnés, certaines que la filière française les rentabilisera. Ces établissements, qui n'accueillent plus que des Français, poussent d'ailleurs comme des champignons dans un sous-bois depuis quelques années !

Avant de nous quitter, nous abordons un peu ce qui se fait ailleurs, en Europe et dans le monde. Selon lui, la législation française est une de celles qui protègent le mieux et donnent le plus de droits à la personne handicapée. Dans de nombreux pays où l'emploi en milieu ordinaire paraît fonctionner, il dénonce une tout autre réalité :

> Quand on gratte un peu, on se rend compte qu'ils ont des statuts de stagiaires, donc non rémunérés... Je suis inquiet pour les ESAT[8] qui doivent rester une institution médico-sociale avec une gestion au niveau national. S'ils se transforment en entreprises, la rentabilité et les lois de l'économie prendront le dessus au péril de nos enfants handicapés.

Pourquoi alors, si notre pays est capable d'écrire les meilleures lois qui soient, ne peut-on pas les appliquer ?

8. Les Établissements et services d'aide par le travail (ESAT) sont des établissements médico-sociaux qui ont pour objectif l'insertion sociale et professionnelle des adultes handicapés. Ils accueillent des personnes dont les capacités de travail ne leur permettent pas de travailler dans une entreprise ordinaire ou adaptée, ou d'exercer une activité professionnelle indépendante.

S'agit-il de simples déclarations d'intention pour se donner bonne conscience ?

Sur cette pensée, je m'apprête à quitter Lille. J'ouvre mon sac et aperçois le rapport Chossy. En parcourant quelques lignes, je constate que l'histoire remonte en fait au début du XXe siècle. De nombreuses congrégations françaises, dans la crainte d'une spoliation de leurs biens – en raison des lois sur la laïcité, la séparation de l'Église et de l'État, et sur les associations –, s'exilent en Wallonie avec leurs œuvres sociales, médicales ou éducatives. Dans les années 1950, faute de vocations, un grand nombre de ces structures ferment. Leurs activités sont reprises par des associations belges qui continuent dès lors à bénéficier des subsides français ou publics.

Je poursuis ma lecture. Je suis obligée de m'y reprendre à deux fois pour bien intégrer les informations qui défilent sous mes yeux :

> « Tordons le cou » au passage à une idée fausse très répandue en France : la Belgique n'est pas la terre promise pour les personnes handicapées.
> – Les Belges manquent aussi cruellement que nous de places, dont la création est de plus suspendue par moratoire depuis plusieurs années faute de crédits.

> – Les places financées par la puissance publique belge sont nettement moins bien dotées que ne peuvent l'être les places françaises. Pour cette raison, les établissements belges accueillant des Français sont enviés par les promoteurs de structures destinées aux seules personnes handicapées belges.
> Et cela constitue le premier aspect du problème : les structures financées par la France alimentent un fort sentiment d'inégalité, voire d'injustice, chez nos amis handicapés belges...

Je me souviens avoir téléchargé un texte sur le sujet. Il s'agissait de la condamnation de l'État belge par la cour européenne des droits sociaux publiée dans l'été 2013. La déclaration de l'avocate devant la presse m'avait bouleversée : les associations belges avaient évalué à près de 75 000 le nombre de personnes avec handicap complexe et sans-solutions.

Je reprends ma lecture. Le rapport conclut :

> Aucune justification avancée par le gouvernement de la Belgique relative à sa carence d'assurer un nombre de places (suffisant) dans des centres d'accueil et d'hébergement pour les personnes handicapées adultes de grande dépendance, de sorte que ces personnes ne soient pas exclues d'accès à ce mode de service social, n'est susceptible d'être retenue.

Le Comité dit, par conséquent, que cette carence est constitutive de violation de la Charte[9].

J'ai dû à cet instant appuyer mon front sur la vitre du train à grande vitesse pour laisser ma pensée s'accrocher aux nuages. Un reflet me fait apercevoir une image polaire qui immédiatement me questionne. Si les exilés mentaux français ne sont que la pointe de l'iceberg, celle dont on parle un peu, qu'est donc la partie immergée du géant de glace qui représente, en théorie, 90 % de sa masse ? Pourrions-nous, comme nos voisins, être condamnés par les instances européennes ?

9. Comité européen, rapport 18 mars 2013, p. 33.

17 octobre 2013

Un espoir

Le foyer des Houx, près de Mons (Belgique), nous confirme que l'établissement ouvre ses portes le 15 décembre et que Julie y est attendue. La secrétaire m'adresse la liste des documents nécessaires pour finaliser notre demande. À défaut de pouvoir visiter le lieu, nous avons reçu un dossier très complet illustré de nombreuses photos. Il s'agit d'un bel endroit, d'une maison de retraite dans laquelle quelques travaux sont nécessaires.

Lors de la visite en juin 2013 d'un premier établissement, le Carrosse, on nous a parlé de ce foyer. Julie s'était montrée très tendue et l'assistante sociale m'avait alors orientée vers une structure qui devait ouvrir prochainement. L'organisme gestionnaire avait rapidement pris contact avec nous, proposant une rencontre à notre domicile. J'accueille donc un matin, Muriel B, qui me dit être en charge de l'ouverture de l'établissement des Houx. Je lui fais ensuite rencontrer l'équipe de la MAS qui accueille actuellement Julie en externat. Constatant mon état de fatigue, elle me dit qu'une structure se nommant la Sapinière pourrait peut-être accueillir notre fille dès septembre et qu'elle serait transférée aux Houx en février 2014 au plus tard.

Nous programmons un rendez-vous début juillet et partons à trois. Hadrien a voulu nous accompagner. Il est inquiet et ne comprend pas bien pourquoi nous devons aller si loin. L'établissement est en travaux, de nombreux résidents traînent dans les couloirs. Ils sont calmes mais inoccupés. On nous fait visiter des chambres rénovées, tout à fait modernes. En revanche, les pièces communes sont minuscules. Un atelier d'activités occupe six mètres carrés, tout au plus. Le réfectoire est en cours d'agrandissement. Dans la cuisine, très propre par ailleurs, les deux cuisinières ont du mal à se croiser. Lors de la discussion avec la responsable administrative, je comprends qu'il existe plusieurs « Sapinière » en Belgique ; il est donc bien difficile de s'y retrouver. Nous ressortons mal à l'aise. Personne ne semble malheureux mais je n'imagine pas laisser Julie dans ce foyer. Je décide donc d'attendre que les Houx ouvrent en décembre.

La semaine suivante, nous nous rendons aussi à Cerfontaine, à 4 km de la frontière. Cet établissement réputé, à but non lucratif, accueille plus de 500 résidents dans différents bâtiments répartis en Wallonie. Nous visitons une belle demeure en ville habitée par une vingtaine de personnes. Une grande salle à manger, une cuisine quasi professionnelle : la première impression est favorable. Les chambres sont accessibles par un escalier un peu raide, en fait une échelle de meunier. Je pense aux jours de fatigue et voit Julie trébucher en pensée. Un ascenseur existe cependant, mais elle en a une phobie, difficilement contrôlable.

La maison est vide : nous sommes début juillet et les résidents sont soit en vacances soit en transfert. Les chambres sont sobres, avec deux lits. Notre guide, psychologue de formation, nous explique que cela n'est pas important :

> Les chambres ne servent qu'à dormir. Dans notre prise en charge, la vie est ailleurs. Les résidents partent tous les matins en activité ou atelier. Il y a en a beaucoup, avec des niveaux qui vont de 1 à 5, car nous souhaitons faire progresser nos résidents.

Nous sommes charmés par ces propos. Nous redescendons et visitons la deuxième partie du rez-de-chaussée. Une belle pièce commune avec sur un mur, un immense panneau où figure en pictogrammes le planning de chaque personne accueillie. Nous avançons. La maison est grande, plus de 300 mètres carrés. Les pièces du rez-de-chaussée sont immenses, emplies de la lumière du jardin qui passe au travers d'une longue baie vitrée.

Notre visite nous mène ensuite devant une porte sur laquelle figure l'illustration d'une douche. Notre guide nous montre une petite pancarte que l'on peut retourner si ce sont les filles ou les garçons qui occupent les lieux. J'imagine une dizaine de femmes de tout âge, se savonnant dans cet espace commun, aidées de quelques éducatrices.

Le concept global de l'établissement, les ateliers, la fabrique de chocolat nous font presque oublier ce manque d'intimité évidemment choquant. Lequel d'entre nous accepterait en 2014 de faire sa toilette sous le regard d'autres hommes ou femmes, de 20 à 60 ans, avec lesquels il partage... l'unique fait d'être handicapé ! Pourtant les propos sont bienveillants : « On ne dit pas éducateur ici, mais accompagnateur. Quel sens cela a-t-il pour quelqu'un de 50 ans par exemple d'avoir un éducateur ? »

Vient alors la difficile question des places.

Si je vous ai fait venir jusqu'ici, c'est qu'il y a des possibilités. En plus, le fait d'être en Île-de-France vous donne

> une chance de plus. Avec le Nord, on a une convention de 110 places. C'est donc limitant. Je pense vous rappeler en fin d'année.

À ce jour, je n'ai eu aucune nouvelle.

Nous remplirons également un autre dossier pour un établissement bien « coté » par la France, l'Albatros. Nous sommes encore sur liste d'attente.

J'ai aussi fait les démarches pour les établissements de la Reine Fabiola. Une visite était nécessaire. J'ai annulé. Par fatigue, par manque de conviction pour cette expatriation forcée. Lorsque j'en avais parlé à Julie, elle m'avait dit « non, la Belgique c'est nul ». Je ne me voyais pas l'emmener de force.

Un nouveau rendez-vous m'est proposé. Si le dossier est accepté, il faudra compter au moins six mois d'attente.

La Belgique commencerait-elle, elle aussi, à connaître des problèmes de places ?

19 octobre 2013

Mystère informatique

Alors que je relisais mes notes ce matin, un petit miracle du classement informatique a eu lieu. Je me souvenais avoir écrit un article sur les personnes exilées en Belgique. À cette époque, j'essayais encore de me convaincre que nous ne serions jamais concernés. J'étais toutefois choquée par le ton des journalistes, plus prompts à s'indigner de l'exil pour cause de fiscalité plutôt que de handicap. J'avais écrit un texte en espérant l'envoyer à un journal. Aurait-il été accepté ? Était-il suffisamment argumenté pour être publié ?

L'article se retrouva finalement dans l'un des multiples dossiers du bureau de mon ordinateur portable. On a dû me dire cent fois que j'allais tout perdre ou qu'une poule n'y retrouverait pas ses petits, mais mes bonnes résolutions n'ont pas encore eu raison de cette organisation. J'évite même d'ouvrir mon ordinateur en présence de témoins pour limiter les réflexions ! C'est pourtant sur cet écran saturé qu'apparaît ce jour-là le fameux article disparu. Ce sont probablement ces petits hasards qui me permettent de garder confiance en l'avenir.

Nos exilés belges du silence... par Jeanne Auber
Avril 2013

Pendant des semaines, un grand acteur du cinéma français a fait les premières pages des journaux hésitant entre une luxueuse villa en Wallonie et les charmes de la toundra. Les médias se sont ensuite passionnés sur le devenir de deux éléphants tuberculeux. Récemment, le gouvernement annonce de grandes mesures d'économie avec en particulier la réduction des allocations familiales pour les familles les plus aisées, ce qui devrait représenter à l'échelle de notre budget quelques grammes dans un kilogramme de sucre !
Pendant ce temps, et depuis des années, des milliers de Français sont obligés de s'exiler en Belgique, faute de décisions les concernant. Il s'agit des personnes porteuses de handicap, et en particulier celles présentant une déficience intellectuelle, qui ne trouvent pas de solution adaptée à leurs besoins en France.
Un rapport de la Maison départementale du handicap de Paris intra-muros est paru en mars 2012. L'enquête était réalisée uniquement sur la tranche des 20-60 ans et faisait état de 2 180 personnes ayant une orientation pour résider en

établissement. Parmi elles, 470 l'étaient effectivement dont près de 200 en Belgique ; 304 personnes n'avaient pas maintenus leur demande, par découragement peut-on imaginer ; 351 personnes étaient en attente de place. Paris comptant plus de 2 millions d'habitants dans cette tranche d'âge, on peut extrapoler ces chiffres pour l'Île-de-France à 2 400 pour les expatriés et plus de 4 000 sans-solutions adaptée ou en attente. Combien d'enfants ou de personnes âgées handicapées viennent-ils compléter cette cohorte ? Les chiffres sont probablement difficiles à publier et l'indifférence la meilleure protection pour la conscience des décideurs.

La France ne les abandonne cependant pas totalement. En effet, selon le type de structure, les établissements belges toucheront une compensation par le conseil général du département de vie de la personne, par la Sécurité sociale ou par les deux.

Les établissements de taille raisonnable accueillent environ 40 personnes et emploient environ 40 personnes (postes éducatifs, médicaux et administratifs). La construction de bâtiments serait, elle aussi, source d'emploi. Les personnes avec handicap réaliseront leurs dépenses de vêtements, hygiène... près de leur établissement. Les professionnels éducatifs plus nombreux devront être formés et nous aurons besoin de plus de formateurs, etc. Un tel projet permettrait aussi de se questionner sur les solutions proposées et de prendre exemple sur les pays scandinaves où l'inclusion des personnes handicapées est réelle et non simplement écrite dans quelques textes.

Aujourd'hui, le nombre d'établissements et le type d'accueil sont définis par un SROS (schémas régionaux d'organisation des soins). On peut se demander si les présidents des agences régionales (ARS) connaissent leur nombre d'expatriés au vu des plans proposés. Non seulement les places sont insuffisantes, mais le vieillissement de la population des personnes handicapées nécessite aujourd'hui de modifier ceux existant pour continuer à leur offrir une prise en charge adaptée. Cette mesure positive a pour effet négatif de limiter les places pour les plus jeunes. Rappelons que l'amendement Creton[1], permettant aux jeunes de rester dans les établissements du secteur enfance jusque vers 22 ou 23 ans (au lieu de 20), a finalement empêché l'entrée des plus jeunes, toujours par manque de places...

Notre fille Julie[2] de 22 ans sera prochainement expatriée par son pays, faute de solution adaptée à sa situation. Nous avons adressé un courrier, il y a plus de deux mois à M. Claude Évin, président de l'ARS Île-de-France, courrier resté sans réponse à ce jour. Devons-nous rester silencieux, nous les parents de ces enfants différents ? L'Unapei, lasse de ne pas être entendue, envisage d'accompagner des familles pour porter plainte afin d'obtenir la reconnaissance de la responsabilité pleine et entière des conseils généraux, de l'État et de la Sécurité sociale. Elle invite aussi les familles à saisir le Défenseur des droits puisque, depuis 2005, avoir une place en établissement relève du droit à compensation.

1. Article 22 de la loi n° 89-18 du 13 janvier 1989.
2. Voir *Bonjour, jeune beauté ! op. cit.*

Ne peut-on imaginer que la création d'établissements en France soit source de relance elle aussi ? Quel économiste pourra nous expliquer qu'il est logique de reverser nos impôts à un pays limitrophe et de se battre pour récupérer les fonds d'un mammouth du cinéma ou d'en dépenser pour sauver des pachydermes bacillifères[3] ? Qui osera faire la comparaison entre cet argent placé en Belgique et les économies apportées par la réduction des allocations familiales. À quand une politique et une économie humanistes ? À moins que sans le dire, notre douce France, n'applique volontairement une politique d'exclusion sur une population à la marge entourée de familles épuisées.

Je ne savais pas alors que je les rejoindrai si vite.

3. L'autre événement qui a passionné les médias pendant cette période est la décision d'euthanasier ou pas deux éléphants atteints de tuberculose...

20 octobre 2013

Sophie et Amélie

Fin juin 2013, notre association, l'Apei 94, organise une fête d'été. Alors que j'évoque nos recherches d'établissements en Belgique, un des membres me propose de prendre contact avec Sophie, dont la fille est partie dans des conditions « terribles » en Belgique. Il me faut quelques mois pour dépasser la peur que m'inspire une telle rencontre.

Un matin d'octobre, je me rends chez elle. Je lui explique ma situation mais très vite, l'émotion l'étreint. Je sens que ma démarche est peut-être trop difficile, voire peu éthique, mais j'ai besoin de comprendre pourquoi cette femme – qui pourrait être moi – a choisi de laisser sa fille en Belgique. Elle est kinésithérapeute. Son activité professionnelle a été très fluctuante pendant les vingt premières années de sa fille ; vingt et une années de souffrance sur vingt-trois ans de vie, un calvaire.

Amélie est la cadette de trois filles au sein d'une famille recomposée. Face à ce gros bébé de 4,3 kg qui a mis près de deux jours à naître, le pédiatre a d'abord conclu : « Elle est parfaite. » Quelques mois plus tard, il comparait son avenir à celui d'un légume !

À 15 mois, elle est opérée en urgence et passe plusieurs jours en réanimation. Les visites sont autorisées dans des créneaux très stricts. Sophie souffre de cette séparation avec sa petite fille qui ne marche pas encore et qu'elle sent très « bébé ».

À la crèche, la psychiatre commence à parler de « retard ». L'entrée à l'école maternelle à 3 ans est compliquée car Amélie n'est pas propre. La directrice, très conciliante au début, finit par demander à Sophie de la reprendre en avril. L'enfant se trouve alors confiée à une nounou. Sa mère découvrira plus tard que celle-ci apprenait à Amélie la propreté en l'enfermant dans un placard !

Une prise en charge commence dans un CMP[1] et la directrice d'école réintègre Amélie en deuxième année de maternelle. Quelques mois plus tard, l'inspection reconnaîtra qu'Amélie et un autre enfant sont l'objet d'actes de maltraitance, l'institutrice est mise

1. Centre médico-psychologique.

à pied. On recommande tout de même à Sophie de changer d'établissement, certaines familles appréciant particulièrement cette maîtresse. Comment devenir coupable alors même qu'on est victime !

Malgré tout, Amélie progresse. L'école demande néanmoins un placement en établissement spécialisé. Face au refus de la famille, l'inspecteur d'académie dépose plainte pour non-assistance à personne en danger. Affaire classée sans suite.

Tout au long de ce douloureux parcours, Sophie s'est sentie culpabilisée par les professionnels qui devraient l'aider : « Pourquoi faites-vous appel à des libéraux pour la psychomotricité, l'orthophonie ? Pourquoi l'avez-vous appelée Amélie ?... » Des séries de questions qui lui paraissent toujours aussi insensées.

Un après-midi par semaine, le CMP prend en charge Amélie d'un point de vue psychiatrique. À l'extérieur, elle est trop agitée pour toutes les activités qu'on lui propose. Elle est exclue du poney-club, de la piscine, du catéchisme. On explique à Sophie qu'il lui faudrait l'accompagnement d'une personne à temps plein et que c'est impossible.

À 6 ans, elle intègre une école utilisant la méthode Montessori. C'est la première fois qu'elle est autorisée à participer à une fête de fin d'année. Sophie a la voix qui se couvre, les images défilent devant ses yeux et l'émotion renaît.

Elle intègre finalement un EMP[2] à 8 ans, à quelques kilomètres de son domicile. Les années passent. De multiples diagnostics sont proposés à la famille. On finit même par lui trouver une anomalie génétique dont elle ne présente aucun signe.

Amélie a appris à lire. Elle fait souvent preuve d'humour et emploie un langage très riche. Elle déstabilise par son excellente mémoire et retient même quelques phrases d'anglais en écoutant les leçons de sa sœur. À 14 ans, cependant, elle a atteint la limite d'âge pour l'établissement. Un internat est recommandé à la famille pour permettre à Amélie de devenir une adolescente autonome. Un établissement en Île-de-France accepte de la prendre en charge à une condition : elle doit gérer seule ses transports, ce qui est absolument impossible.

C'est finalement hors d'Île-de-France qu'elle intègre un établissement accueillant des personnes avec handicap mental, des patients présentant des troubles psychiatriques majeurs et des adolescents aux histoires sociales lourdes et complexes. Il s'agit d'un Institut régional de psychothérapie et de rééducation (IRPR).

2. Externat médico-pédagogique.

On retrouve là un mélange de problématiques, hérité de l'histoire. Dans les hôtels-Dieu puis les hospices, on enfermait indifféremment « les mendiants, les orphelins, les fous et les invalides ».

Au fil de ma conversation avec Sophie, j'ai le sentiment qu'Amélie a été victime d'une erreur d'aiguillage. Certes la limite entre trouble psychiatrique et déficience intellectuelle est parfois complexe mais ce qui est frappant dans cette histoire, c'est l'absence totale de remise en cause de la part des professionnels. Les prises en charge qu'ils proposent sont vouées à l'échec. Ils lui demandent d'entrer dans un moule, d'être dans le cadre alors même qu'elle ne possède pas les outils nécessaires.

Lorsque Amélie intègre l'IRPR, ses parents ne sont pas autorisés à visiter l'établissement. Les rencontres avec l'équipe resteront d'ailleurs exceptionnelles. Sophie apprendra qu'Amélie était régulièrement agressée lors de ses retours à Paris, pourtant encadrés. En septembre 2008, un adolescent, suivi pour troubles psychiatriques, refuse de prendre son traitement pour montrer son opposition à son placement. Il ne fait pas, semble-t-il, l'objet d'une surveillance particulière puisqu'il arrive à entraîner Amélie à distance des bâtiments, et la viole. L'équipe prévient la famille et se dit désolée. Le jugement, que Sophie me montre, se conclut par une ordonnance d'irresponsabilité, le jeune homme ayant présenté des pulsions sexuelles dans un contexte de troubles psychotiques de type schizophrénique au moment des faits.

Je demande à Sophie si l'établissement a été mis en cause. En pleurs, elle m'explique : « Nous n'avons rien fait. L'avocat nous a peu soutenus. Il nous a même dit qu'Amélie ne s'en souviendrait peut-être pas puisqu'elle était débile. »

Amélie va mal et rentre chez ses parents quelque temps. Le soutien psychologique proposé par le CMP frôle l'homéopathie. Elle repart donc à l'IRPR en grande difficulté. À plusieurs reprises, la psychologue de l'institut la menace : « Si tu continues, je te ferai une piqûre au milieu de la cour, devant tout le monde et tu iras à l'hôpital. » Elle se retrouve, en toute logique, hospitalisée en psychiatrie suite à une dispute pour une pièce de 2 euros. Ses parents n'ont pas le droit de lui rendre visite. Là encore, ils apprendront par la suite le traitement subi par leur fille.

Après avoir été assommée de médicaments, elle ne se réveille que cinq jours plus tard, avec une couche et les bras attachés. Amélie mesure à présent 1,45 mètre. L'éducateur dépasse 1,85 mètre et est tout à fait valide le lendemain de « l'agression » pour laquelle Amélie s'est vu administrer de puissants sédatifs. Amélie n'a d'autre solution que le retour chez ses parents. Ils se rendent à la MDPH où on leur explique qu'avant de partir vers la Belgique, il faut justifier d'au moins quatre refus en France. Ils en recevront vingt-deux en quelques semaines à peine.

En Belgique, ils obtiennent deux réponses favorables et rapides du Carosse et de Reine Fabiola. Depuis deux ans, au Carosse, Amélie renaît. Elle est prise en charge pour ce qu'elle est, c'est-à-dire une personne déficiente intellectuelle ayant sa propre personnalité et ses potentialités. Sophie ponctue son récit de propos d'Amélie.

« Si je prends trop de douches, je vais avoir un rhume des vaisseaux du cerveau et cela va être grave. » Ou encore, lors d'une promenade dans Paris avec une de ses sœurs et sa mère, Amélie, qui n'a aucune envie de marcher, souffle à l'oreille de sa cadette : « Victoire, tu peux expliquer à ta mère qu'il y a des métros et des bus dans Paris. » Amélie s'affirme en tant que personne et construit sa pensée pour faire entendre ses besoins.

Nous sourions toutes deux car nous savons percevoir la beauté de ces mots en apparence si anodins. Notre bonheur est fait de ces petits instants fugaces et incertains.

Toutes les six semaines, l'établissement organise un retour en France pour Amélie et ses compatriotes. Ses parents se rendent à Mons toutes les trois semaines. Ils ont pris leurs habitudes dans un hôtel qui dispose d'une grande chambre-studio. Mère et fille font du shopping sur place, si bien que Sophie avoue ne plus acheter de chaussures ou de vêtements en France. L'accueil d'Amélie dans les magasins ne pose aucun problème. Il est évident, presque naturel.

Je demande à Sophie le coût de ces week-ends : 600 euros minimum pour le trajet, le logement et la nourriture. Un calcul rapide m'amène à 17 week-ends sur 12 mois, soit près de 10 000 euros par an à charge exclusive de la famille. Le budget moyen des Françaises en vêtements et chaussures doit être voisin de 1 000 euros par an – l'Insee le chiffrait à près de 700 euros en moyenne par Français en 2006. Sophie et sa fille dépensent donc au moins 2 000 euros par an à Mons pour ces achats. Ajoutons les produits d'hygiène qui eux aussi viendront augmenter la consommation belge.

Malgré ces déplacements et ce budget, Sophie revit. Elle a en face d'elle une équipe empathique, qu'elle peut appeler à toute heure du jour et de la nuit. Il y a deux infirmières sur place. Au moindre problème, les parents sont informés en temps réel.

Je lui demande ce qu'elle ferait si un foyer ouvrait demain à 10 km de chez elle. Sa réponse est sans appel, elle ne reviendra pas en arrière.

Mais qu'en sera-t-il dans dix ans, vingt ans ? Sophie doit avoir une petite cinquantaine mais elle ne parle pas de l'avenir, elle vit un présent enfin heureux. La photo d'Amélie qu'elle m'a montrée dès les premières minutes de notre entretien en est la preuve indéniable.

Sophie me parle alors de Victoire, la plus jeune de ses filles, considérée comme enfant précoce avec un QI[3] supérieur à 130. Son parcours scolaire a été chaotique car elle ne correspondait pas au standard. Sophie insiste sur le fait qu'Amélie et Victoire ont aussi été rejetées par des écoles privées catholiques. Pour survivre, elle a renié une partie d'elle-même. Elle a changé de religion, trouvant des repères qui lui convenaient mieux. Elle a aussi laissé la plus fragile de ses filles, à plus de 250 km de chez elle.

Elle se voit comme une rescapée. Sur le pas de la porte, après ce terrible récit de vie, nous nous embrassons.

3. Quotient intellectuel.

Je lui rapporte les propos de Mariecke Aucante[4] : « Nous sommes différentes et solidaires. »

Je sors, il fait beau.
J'en ai bien besoin.

4. M. Aucante, journaliste est auteur de *Petit Frère l'Orage* chez Albin Michel.

23 octobre 2013

Une déception de plus

Madame,

Comme je vous l'avais indiqué, une prise en charge par l'aide sociale à la résidence des Houx de Quaregon n'est pas envisageable en raison du caractère commercial de cet établissement qui, bien qu'étant une émanation d'une association sans but lucratif, est une société anonyme... M. F., chargé de coordination sociale des prestations aux personnes handicapées...

J'avais eu ce monsieur au téléphone quelques semaines auparavant, suite au courrier que j'avais adressé au président du conseil général. Nous avions beaucoup discuté de l'insoutenable parcours des familles. Il avait déjà évoqué ce refus, mais peut-être ne l'avais-je pas assez intégré.

Je ressens une colère froide face à ce système qui permet le profit sur le dos de personnes vulnérables, face aux espoirs qu'on fait naître dans les familles, face au conseil général du Val-de-Marne qui n'a rien à nous proposer mais refuse cette prise en charge. Jamais le conseil général ne m'a soumis de liste d'établissements autorisés ou à éviter. Que de temps perdu, de déceptions !

J'appelle le secrétariat des Houx. La personne qui nous a rendu visite en juin n'est plus là. Elle m'avait pourtant assurée qu'elle prendrait la direction de l'établissement. La responsable des admissions semble surprise de mon courroux. Je lui rappelle mes questions sur le statut de leur établissement dont dépend le financement du département. La réponse de Muriel B, adressée par mail en septembre, m'avait faussement rassurée : « Le foyer de la Sapinière et celui des Houx ont un accord de prise en charge et un contrôle de l'AWIPH... » Elle m'explique aussi son étonnement car d'autres départements comme le Val-d'Oise ont donné leur accord. Une injustice supplémentaire, nous ne vivons pas dans le bon département, celui qui accorde l'exil ! Un des rapports étalés sur mon bureau fait bien état d'une grande hétérogénéité en équipements médico-sociaux[1] entre les départements

1. *Disparité des équipements pour enfants handicapés et « flux migratoires » en France métropolitaine*, Solidarité Santé, n° 20, 2011, C. Bouquet Ysos, C. Peintre, J. Y. Barreyre (pour les moins de 20 ans, le nombre de places pour 1 000 habitants va de 1,4 à 19,6 et chez les adultes de 1,5 à 5,8).

– l'Île-de-France étant à la traîne... Mais comment imaginer qu'on ne dispose pas des mêmes droits au départ forcé !

Des recherches sur Internet me permettent de comprendre que je n'avais pas su poser la bonne question. Mon département refuse de verser des fonds publics à une société commerciale. Il semble que ce soit la directive européenne Bolkestein qui ait permis l'ouverture de sociétés anonymes à but lucratif dans le domaine du handicap à côté de celles gérées par des associations sans but lucratif (ASBL). En dehors des établissements qu'elle agrée et subventionne, l'AWIPH accord à ces structures une autorisation de prise en charge (APC) permettant l'accueil de personnes handicapées. L'APC est essentiellement une validation après contrôle de la sécurité incendie. L'Agence peut aussi évaluer, dans un délai plus ou moins long après l'ouverture, le projet éducatif.

Ainsi, la réponse de Mme B ne m'informait pas du statut juridique de la société qui l'employait, statut qui nous exposait à une absence de prise en charge par votre département.

Au fond de moi pourtant, je suis presque soulagée du refus du conseil général. J'ai honte pour mon pays qui impose cet exode et laisse un étrange racolage s'installer dans ses terres. Je me souviens avoir lu un chapitre dans le rapport Chossy[2] sur ce sujet.

> Mais que dire de ces établissements qui se permettent de démarcher leurs futurs clients en expédiant par courrier et Internet des publicités alléchantes aux associations françaises, voire aux MDPH, dans l'espoir d'obtenir de nouveaux résidents. C'est donc un sujet dont on reparlera et qui appelle à la vigilance. Même si on connaît l'engagement et la détermination du ministère dans le traitement de ces questions, il faut s'interroger sur le sort des personnes accueillies, loin de leurs familles et, comme l'a constaté le rapporteur lors d'une visite sur place, dans un contexte sanitaire réglementaire différent.

Ce démarchage semble pourtant bien méconnu des responsables d'établissements français. Quelques semaines plus tôt, un mail transféré par la directrice de la MAS m'avait laissée sans voix :

Bonjour Madame L,

Nous tenons à vous remercier de nous avoir reçus de la sorte alors que nous n'avions pas de rendez-vous. Vous

2. Passer de la prise en charge... à la prise en compte. J. F. Chossy, membre honoraire du parlement, rapport remis à M. Fillon Premier ministre, novembre 2011.

nous avez donné des conseils précieux et nous vous en remercions. Nous vous envoyons, comme convenu, notre projet pédagogique complet.

Si cela vous intéresse, nous pouvons également vous envoyer notre règlement d'ordre intérieur. Nous vous envoyons également quelques photos du centre.

Pour rappel le centre « Les Lotus » ouvrira ses portes en octobre.

Nous comptons nous rendre en France et plus particulièrement dans la couronne parisienne, du lundi 1er juillet au vendredi 5 juillet. Cela reste à confirmer mais nous reviendrons vers vous dans quelques jours pour vous tenir informée. Nous espérons sincèrement que le projet pédagogique vous séduira et que vous adhérerez à notre vision de prise en charge. Avez-vous besoin que nous vous envoyions le projet pédagogique relié afin que vous puissiez le transmettre aux parents de Julie ou le mail suffira-t-il ?...

Le centre Les Lotus était géré par un couple de kinésithérapeutes ou de psychologues, je ne sais plus. Leur projet m'avait un peu inquiétée, avec quelque chose que je qualifierais « d'illuminé ». Je n'avais pas pris contact. J'étais aussi choquée qu'on puisse observer ma fille sans nous en informer, même avec les meilleures intentions. Venir ainsi à la MAS dire que Julie les intéresse, qu'elle présente le bon profil... quelle étrange démarche ! Ces structures viennent faire leur « marché » dans nos établissements, jusqu'en Île-de-France. Il se dit d'ailleurs que ces démarcheurs sont rémunérés sur résultat !

Un commerce humain, n'ayons pas peur des mots, s'est mis en place entre nos deux pays, mal dissimulé sous des conventions d'aide au financement.

L'enfer est pavé de bonnes intentions[3].

3. Cette expression se rapporte à une phrase de Saint-Bernard au XIIe siècle et signifie que les meilleures intentions peuvent mener aux pires catastrophes.

25 octobre 2013

Quel méli-mélo !

J'ai repris le travail à l'hôpital.

J'ouvre mon courrier, comme après chaque absence prolongée. Un logo sur une enveloppe attire mon regard, je le connais même s'il ne fait pas partie de mon champ professionnel. J'identifie « Centre de Cerfontaine, Belgique ». Je parcours la lettre.

Un de mes patients, traité pour un cancer, est candidat pour intégrer le centre que je visitais avec ma fille il y a quelques semaines. Incompréhension immédiate. Ils sont dans des problématiques si différentes ! J'ai rencontré Jordan vers l'âge de 13 ans. Pris en charge par l'aide sociale à l'enfance (ASE) depuis l'âge de 10 ans, orphelin de père, abandonné par sa mère – comme son frère plus âgé et sa sœur plus jeune –, il est d'une colère irrépressible quand il nous est adressé pour le traitement de son cancer. La prise en charge d'une maladie grave lui permet de dépendre de la Maison départementale pour les personnes handicapées[1], comme Julie.

Les premières séances de chimiothérapie sont épiques mais grâce à la patience des infirmières, des liens se créent peu à peu malgré l'agressivité initiale de Jordan. Pendant les mois de traitement, il découvre que l'on peut prendre soin de lui, qu'il en vaut la peine. Accompagné par le même éducateur pour chaque journée de soin, il acceptera même de travailler avec un enseignant de notre service.

En regardant le certificat médical nécessaire à son inscription en Belgique, je me dis qu'après l'abandon par sa famille, il va être condamné à l'exil par sa nation. Cette demande émane pourtant de l'ASE. Je n'y comprends rien. Lors de notre dernière consultation, Jordan m'a expliqué avoir encore un lien avec sa sœur de 5 ans et manger parfois avec elle au restaurant. Ballotté de foyers en familles d'accueil, il a atterri dans un hôtel où aucune activité ne lui est proposée car il a fait des « bêtises ». Je crois pourtant en sa capacité à travailler un jour, à se

1. Les familles d'enfants présentant une maladie grave reçoivent une allocation enfant handicapé (AEH) pendant les traitements lourds (les cancers par exemple) et parfois de manière prolongée (par exemple diabète). La loi considère que la maladie est une forme de handicap puisqu'elle limite les activités de la personne.

poser, si quelqu'un lui tient la main. Jordan a tout au plus des troubles de la relation en lien avec sa colère et sa souffrance qui n'ont pu être entendues. Je sais qu'il a parfois été violent, comme l'est Julie quand elle n'arrive pas à se faire comprendre. L'ASE connaît-elle la notion de résilience ?

Les établissements wallons acceptent donc des enfants et adultes bien différents, avec pour seul point commun de ne pouvoir trouver une place dans notre société normative. Parfois le sarcasme devient mon seul mode de pensée. En ce qui concerne Jordan, j'irais jusqu'à ajouter qu'il n'est pas caucasien... alors, toutes les raisons sont bonnes pour ne pas le laisser dans l'Hexagone !

J'ai assisté début octobre à un colloque sur le rapprochement entre le médico-social et le médical. Un peu perdue au milieu d'un auditoire de juristes et d'administratifs, j'ai pris de nombreuses notes pendant cette journée. Les relire me laisse perplexe.

La transformation des hospices en structures hospitalières dans les années 1950 a imposé la création d'autres lieux de prises en charge pour les personnes handicapées ou en situation sociale difficile. Deux philosophies différentes de la personne voient alors le jour, bien définies par les mots anglo-saxons de « cure » (guérir) et de

« care » (prendre soin). Je le sais, ce sont les associations de patients atteints du sida et la mise en place des soins palliatifs à partir de 1985 qui ont permis à cette notion de « care » de réintégrer enfin l'hôpital.

Je pense aux progrès de la médecine ces cinq dernières décennies. Dans les années 1960, elle est portée par une évolution exponentielle des techniques et des connaissances : première greffe de cœur, de moelle, premier bébé-éprouvette, microscope électronique... Elle a alors probablement oublié en partie la composante humaine qui est pourtant au cœur du métier. C'est l'époque d'une médecine toute-puissante, paternaliste. L'information se trouve d'un seul côté du bureau. Au fil du temps, la réanimation néonatale ou générale progresse. Pour réduire la mortalité infantile, on réanime des enfants de très petit poids (700 grammes parfois) ou de très jeune âge (24 semaines soit à peine 6 mois de grossesse). Parallèlement, on sauve de plus en plus de vies adultes après des accidents vasculaires cérébraux ou des traumatismes crâniens. Loin de moi l'idée de remettre en cause les intentions de ces médecins ou de relativiser l'intérêt de ces progrès. Cependant, dans ces années 1980-1990, éblouis par cette maîtrise toujours plus grande de la vie, avons-nous réfléchi aux séquelles ? À la manière dont ces « rescapés » de la médecine allaient être pris en charge ?

Par qui, où ? Nous nous sommes contentés de penser que ce n'était pas la mission de l'hôpital.

Revenons à cette journée. La réalité que je viens de décrire en tant que médecin existe de fait en droit. Il y a un code de la santé qui gère le sanitaire d'un côté et un code de l'action sociale et familiale, qui gère le médico-social, de l'autre. Dans l'action sociale, les objectifs sont présentés par populations (handicap, enfance défavorisée...) aboutissant à près de vingt types d'institutions pour la prise en charge. Dans le code de la santé, les objectifs sont en revanche associés à des actions. Les deux codes ont évolué parallèlement au fil du temps, parfois augmentés au même moment par des textes distincts sur des sujets identiques[2].

Jusqu'en 2009, la DRASS[3] et la DDASS fonctionnent main dans la main, obtenant toutes deux du préfet l'accord pour la création d'établissements. Mais les lois de décentralisation vont impacter fortement le secteur médico-social car elles transfèrent une part

2. Loi du 4 mars 2002 sur l'information au patient et Loi du 2 janvier 2002 rénovant l'action sociale et familiale. Loi du 11 février sur les droits des personnes handicapées et loi du 22 avril 2005 relative aux droits des malades et à la fin de vie.
3. DRASS : direction régionale de l'action sanitaire et sociale.

des financements aux départements. Ainsi les ESAT et les foyers de vie sont financés par le département, les foyers à double tarification (anciennement FAM) par les départements avec un forfait de soin journalier de la branche maladie de la Sécurité sociale et les MAS, exclusivement par la Sécurité sociale. Après une tentative avortée de rapprochement, la création des ARS en 2009 permet qu'un organisme unique soit responsable à la fois du médical et du médico-social. Pourtant, pour que ces structures fonctionnent, de nombreux obstacles sont à dépasser : obstacle d'ordre culturel (le rapprochement de personnels de formation et de parcours divers aboutit déjà à des managements différents selon les territoires[4]), obstacle d'ordre juridique et financier aussi avec la question de la fongibilité des moyens[5]. Des projets potentiellement concurrents sont donc évalués au sein d'une même structure.

Ajoutons que les ARS ont différents donneurs d'ordre : le conseil de pilotage des ARS, la CNSA[6] et le président

4. Dans 6 ARS, le médico-social a une direction spécifique ; dans 17 autres, il est dans la direction et l'organisation des soins ; et dans 3 autres, un autre système a été choisi !

5. Dispositifs qui en théorie devait permettre d'allouer des fonds « hospitaliers » au secteur médico-social.

6. Caisse nationale de solidarité pour l'autonomie.

du conseil général qui reçoit et distribue des aides sociales pour les personnes âgées et les adultes handicapés. Et bientôt un échelon supplémentaire, celui des métropoles !

Et comment ne pas parler de cette autre différence majeure : les établissements de santé sont audités via une procédure de certification réalisée tous les quatre ans par l'HAS[7] et en référence à des pratiques exigibles[8]. L'ANESM[9] créée en 2007 est soumise quant à elle à une évaluation interne tous les cinq ans seulement, ainsi qu'à deux évaluations externes sur un cycle de quinze ans ! À la lecture de ces notes – pourtant très simplifiées –, qui ne penserait pas : « C'est incompréhensible ! »

En fin de journée, je suis non seulement noyée mais aussi effarée. J'ai tellement peu entendu parler de la personne. J'ai assisté à des discussions de juristes et d'économistes et à aucun moment ne furent évoqués le manque de places, les oubliés du médico-social, les incompris du médical. Pour qui sommes-nous là ? Une réflexion sur le rapprochement du médical et du médico-social n'aurait-elle pas dû commencer par

7. Haute Autorité de Santé.
8. Il s'agit de référentiels (critères de bonne pratique) que doivent compléter les établissements de santé au risque de ne pouvoir être certifiés.
9. Agence nationale des établissements médico-sociaux.

aborder les dysfonctionnements ainsi que leurs conséquences sur les personnes handicapées et le personnel qui les prend en charge ?

Il est étonnant de voir combien ces deux mondes ne se parlent pas, ne se connaissent pas. Le monde éducatif se vit comme celui du quotidien, celui qui change, lave, prend parfois des coups mais sait aussi entrer en relation avec ces enfants et adultes différents. Le verbiage médical ne lui apporte que peu d'aide au jour le jour.

Les mondes médical et paramédical s'imaginent devoir toujours apporter une réponse aux symptômes, donner un diagnostic, prescrire ou dispenser des soins techniques. Ils sont en grande difficulté pour communiquer avec des patients qui ne parlent pas ou si peu.

La dernière phrase de la journée fut : « On est dans des logiques de politiques publiques éclatées avec défaut de coordination. Empilement de solutions partielles. On est dans le marasme... »

Je repense aux paroles d'une de mes collègues hospitalières, lorsque nous traversons des difficultés organisationnelles, relationnelles avec les familles ou d'autres professionnels :

« Pourquoi sommes-nous ici ? Quand tout va mal, recentrons-nous sur le patient. »

1er novembre 2013

Changement de statut : « sans-solutions »

Le courrier du conseil général nous a plongés dans une nouvelle réalité. Julie est refusée par de nombreux établissements, notre département n'a rien à nous proposer, les établissements belges financés par la France nous ont positionnés sur liste d'attente et le seul d'entre eux que nous avions trouvé pour cette fin d'année ne sera pas pris en charge ! Le prix de journée est proche de 180 euros et nous ne voyons pas comment nous pourrions assumer cette dépense de près de 60 000 euros par an. Je prends peu à peu conscience que nous faisons partie de ceux qu'on qualifie de « sans-solutions ».

J'ai à nouveau perdu le sommeil, ou plus exactement je n'arrive pas à me rendormir après les levers parfois multiples de Julie. Il est 4 heures du matin. Combien de temps va-t-elle dormir ?

Sans-solutions, sans-solutions, sans-solutions...

Ces mots martèlent mon esprit depuis la lecture de la fameuse lettre.

Il est 5 heures. Julie s'est rendormie. Allongée dans le salon, j'aperçois un journal qui traîne.

Libération du 27 octobre 2013 :

> Un lieu de vie, la quête sans fin d'Élias, autiste. Les parents du jeune handicapé témoignent de la difficulté d'avoir une place en structure d'accueil et jugent les autorités hypocrites[1].

L'article, récit de vie d'un adolescent et du combat de ses parents, se clôt sur le compte rendu d'une étonnante réunion dans une ARS – le père parle de tribunal – et dont la conclusion est retranscrite : « Monsieur, nous sommes désolés, mais nous n'avons pas de place. Tournez-vous vers la Belgique. »

Je connaissais les sans familles, les sans-papiers, méconnaissais ces sans-solutions. Pourtant le rapport de l'IGAS[2] de 2005 fait état de 3 300 enfants et adultes sur liste d'attente dans le Nord, auxquels il faut ajouter 4 500 demandes non satisfaites en centres d'aide par le travail (CAT[3]). Le délai d'attente dans cette région

1. Par M. Piquemal.
2. Inspection générale des affaires sociales.
3. Les CAT sont devenus ESAT après la loi de 2005.

est de six ans pour les adultes lourdement handicapés. La DGAS[4] a quant à elle communiqué les chiffres de « personnes sans-solutions ou en placements inadéquats », évalués à 22 851 uniquement pour les CAT ! Elle précise l'absence de dispositifs permettant de décrire, de manière fiable, la population en établissement et celle en attente. Le plan quinquennal 1999-2003 et le plan triennal 2001-2003 prévoyaient un investissement de l'ordre de 410 millions d'euros pour près de 21 000 places. Quatre propositions prioritaires figurent dans ce rapport 2005 dont l'extension du processus de conventionnement aux établissements belges pour adultes – dispositif permettant l'augmentation *de facto* du nombre d'exilés – et une meilleure régulation de l'offre.

Dans le rapport de 2012[5], soit sept ans plus tard, l'absence de connaissance des besoins est à nouveau soulignée. Inutile de lire l'ensemble du texte, les titres et sous-titres suffisent :

> 1.2. : L'évaluation des besoins demeure très insuffisante en raison d'une mauvaise coordination des sources de connaissance.

4. DGAS : direction générale de l'action sociale.
5. Établissements et services pour personnes handicapées. Offre et besoins, modalités de financement (IGF 2012-M-021-01 et IGAS RM-2012-126P).

1.2.1.: Au plan national, les causes et évolutions prévisibles des situations de handicap sont mal connues.
1.2.2.: L'évaluation des situations de handicap, et sa traduction en besoins d'accompagnement, reste un chantier à engager
1.2.3.: Au plan local, l'évaluation et l'orientation des personnes handicapées sont insuffisamment organisées pour contribuer à la connaissance territoriale des besoins.
1.2.4.: La réponse aux besoins doit privilégier l'évolution de l'offre existante.

Certaines des 49 recommandations données en fin de rapport me déstabilisent : alors que le titre du texte mentionne le handicap, des mesures sont destinées à l'Aide sociale à l'enfance. Ce mélange de problématiques ne peut que maintenir un certain brouillard dont je me demande s'il est volontaire ou s'il reflète une méconnaissance du sujet.

En cherchant sur Internet, je trouve quelques informations supplémentaires. Un rapport de juillet 2012, émanant encore de l'ARS d'Île-de-France, s'intéresse aux enfants dits « sans-solutions, à domicile[6] ». Ils seraient près de 618, valeur dite plancher à laquelle

6. Enquête sur les enfants dits « sans-solutions » à domicile, P. Fiacre et coll. Cedias-CREHAI, Île-de-France.

pourrait s'ajouter une bonne part des 528 enfants de Seine-Saint-Denis, scolarisés moins d'un mi-temps ou orientés vers un établissement médico-social. Parmi eux, 60 % présentent des troubles de la relation, autisme, troubles envahissants du développement ou autres ; 80 % d'entre eux sont à domicile depuis plus de six mois et un tiers depuis plus de deux ans révolus.

Quel est l'impact sur la vie familiale ? Seul l'arrêt professionnel d'un des deux parents ou du parent seul est envisageable, renforçant encore davantage l'isolement du foyer et son appauvrissement au sens large. Le manque de places et l'inadéquation des solutions proposées à la problématique du jeune, le manque manifeste de compétences sur les troubles du comportement, les causes sont innombrables. Les Belges sont-ils si éloignés de nous pour être capables d'accompagner de telles problématiques relationnelles ?

Si l'on regarde les profils des personnes accueillies en Belgique ou sans-solutions, on se rend compte que les situations dites complexes, définies dans notre législation en 2005[7] et 2009, sont surreprésentées.

7. Les situations de handicap complexe. Besoins, attentes et modes d'accompagnement. Recherche Action nationale juillet 2010-février 2013, J. Y. Barreyre, A. M. Acencio, P. Fiacre, C. Peintre. Cedias, Île-de-France.

Là encore, les études et textes ne manquent pas. La recherche documentaire du Cedias-Crehai[8] Île-de-France publiée en 2012 parle « d'humains qu'on ne veut pas voir, qu'on ne veut pas entendre, qui fragilisent notre rapport au monde et qui battent en brèche les modèles sur lesquels se fondent les politiques actuelles du handicap ». J'ajouterais : comment compter ceux qu'on ne veut pas voir ?

Cette première étape est suivie d'une recherche-action ayant pour objectif d'évaluer les besoins, attentes et modes d'accompagnement, étude publiée en février 2013. Dans la préface de M. Faivre, président du CLAPEAHA[9], on peut lire :

> Il appartient maintenant « aux opérationnels »... d'élaborer, dans le cadre de « la politique du Handicap », les programmes susceptibles de combler progressivement les lourdes lacunes de notre secteur... La conjoncture freinera les ambitions, mais elle ne peut que renforcer notre volonté d'agir face à la détresse de tant de personnes vulnérables et de leurs familles.

8. Les situations complexes de handicap : des populations qu'on ne veut pas voir, pas entendre, pas comprendre ? Étude documentaire du CEDIAS, juillet 2011, J. Y. Barreyre, A. M. Ascencio, C. Peintre.
9. Comité de liaison et d'action des parents d'enfants et d'adultes atteints de handicaps associés.

Le mot détresse provoque chez moi depuis quelques mois une inévitable montée d'émotions. Je pleure. Oui, je pleure face à tous ces rapports que j'ai consultés et qui dénoncent tous la même indifférence de nos politiques à ces questions. Je regarde ceux que je n'ai pas encore lus, sans espoir d'y trouver autre chose. Bien sûr, ponctuellement, un plan pour quelques années est décrété, source d'espoir pour des milliers de familles. Mais le retard est tel que peu d'entre elles seront satisfaites. Le handicap ne peut se contenter d'une vision à trois ou cinq ans !

Nous pouvons donner la note de dix sur dix à tous les gouvernements de la Ve République pour leur incapacité à compter, planifier ou anticiper. Le drame ne peut que s'aggraver et pour une raison simple. Les personnes handicapées VIVENT et, comme nous tous, bénéficient d'un allongement de leur durée de vie. Pour exemple, l'espérance de vie d'une personne trisomique à la naissance n'était que de 9 ans[10] en 1919, elle passe en 1990 à 55 ans et atteint probablement aujourd'hui 65 ans. Ainsi, selon les sources, on parle pour 2020 de 20 000 à 30 000 personnes handicapées mentales vieillissantes

10. « Les personnes handicapées vieillissantes : espérances de vie et de santé : qualité de vie », La Documentation française, 2-n° 2, 2005, p. 295-333.

supplémentaires. L'Unapei a mené une enquête auprès des établissements qui confirme de tels chiffres. Ceux qui travaillent en ESAT et logent en foyers de vie pourront-ils être accueillis dans des unités spécifiques au sein des maisons de retraite ? Les places sont rares aujourd'hui. Ces personnes resteront-elles dans leurs structures ou leur état de santé justifiera-t-il un passage dans des établissements plus médicalisés de type FAM ou MAS, déjà insuffisamment nombreux ?

Autre point, le nombre des bénéficiaires de l'amendement Creton, qui avait pour objectif de permettre à un jeune de plus de 20 ans de rester dans son établissement en attendant une solution adulte n'a cessé d'augmenter avec en 2008[11], au moins 5 000 jeunes adultes concernés – 6 100 en 2010[12]. Combien aujourd'hui ? Le dispositif qui se voulait provisoire, ne pouvait fonctionner qu'avec la création massive de places.

Les rapporteurs dont j'ai retranscrit les mots depuis une dizaine de pages sont tous de hauts fonctionnaires. L'un d'eux peut-il m'éclairer sur la différence entre les taux d'équipement en établissements et services

11. Déclaration de M. P. Gohet, délégué interministériel aux personnes handicapées. Site Declic, avril 2008.

12. Établissements et Services pour personnes handicapées. Offre et Besoins, modalités de financement, octobre 2012, IGF 2012-M-021-01/IGAS RM-2012-126P.

médico-sociaux sanitaires selon les classes d'âge ? Pour les enfants âgés de 0 à 20 ans, ils étaient de 8,7 pour 1 000 en 2004 et de 9,2 pour 1 000 en 2010. Pour les adultes, on passe de 1,2 à 1,9 pour 1 000. Soit un différentiel d'au moins 7 pour 1 000. Qui peut m'expliquer où sont passés ces 7 enfants sur 1 000 devenus adultes ? J'en ai croisé très peu dans le monde professionnel. Sont-ils partis faire leurs études à l'étranger ou sont-ils miraculeusement devenus invisibles ?

Comment ces hauts fonctionnaires n'arrivent-ils pas à voir l'évidence d'un manque de structures pour adultes : 68 779 places pour les enfants en 2011[13] et 114 608 places pour les adultes. Les moins de 20 ans représentant un quart de la population, c'est un minimum de 200 000 places – et probablement beaucoup plus – qu'il faudrait pour les adultes. À moins que le handicap ne s'arrête à 20 ans...

Je ne peux arrêter de pleurer car l'obscurantisme autour de cette question dépasse mon entendement.

Il faudra bien que je me résigne si je veux survivre à la situation, sans solutions. J'avais noté sur une petite feuille les paroles d'un membre de l'ARS que j'avais

13. À noter une augmentation de 464 places par rapport à 2006. On voit mal comment un tel rythme permettra de résorber les listes d'attente des sans-solutions.

rencontré et qui cherchait à m'aider : « Au moins, dans le secteur médical, on accueille tout le monde, pas toujours bien mais on soigne tout le monde. »

Ces propos m'ont inspiré deux versions pour une histoire courte. La version enfant aurait lieu un 15 juin 2013 :

– Bonjour, je téléphone pour inscrire mon fils de 6 ans au CP. (Votre voix est emplie de fierté pour votre aîné, qui non seulement est beau mais sait déjà presque lire.)
– Bien, je vous donne votre numéro, le 547. Il devrait pouvoir faire sa rentrée en septembre 2016.
– Mais madame, c'est dans plus de trois ans.
– Oh ! estimez-vous heureuse, certains ont attendu jusqu'à six ans dans d'autres régions. Il peut rester aussi deux ans de plus en maternelle. Dernière solution, vous pouvez toujours lui acheter des cahiers de devoirs et les faire à la maison.

On sait qu'une personne polyhandicapée a besoin de soins permanents, humains et techniques (kinésithérapie, ergothérapie) qu'aucune famille ne peut offrir dans la durée, même aidée par un service à domicile. Certaines complications sont en partie liées à l'absence de ces prises en charge, comme les escarres, les infections respiratoires... Beaucoup de ces personnes se retrouvent pourtant actuellement en défaut de soins.

Et maintenant, une version « santé » de la même histoire :

– Bonjour, mon médecin traitant vient de me diagnostiquer un lymphome de Hodgkin[14] et m'a demandé de prendre rendez-vous dans votre service.
– Très bien, je regarde l'agenda... Je peux vous proposer le 16 mai 2015.
– Mais voyons, j'ai besoin de soins, on ne peut me laisser comme cela pendant dix-huit mois.
– Dites-moi d'abord, avez-vous d'autres problèmes de santé.
– Oui, j'ai un peu de tension et de diabète.
– Oh là. Ça va être compliqué. Vous faites partie des « mauvais patients », ceux à risque de complications ou d'échec. Pour les équipes c'est très difficile. On doit faire attention pour que le personnel ne soit pas en burn-out. Alors on ne peut en prendre que un de temps en temps.
– Mais Madame, c'est leur métier, non ? Je cotise depuis 20 ans à la sécurité sociale. Je ne comprends pas...
–Heu... il y a bien une solution, la Norvbelvie, nous avons un partenariat avec eux, ce qui vous garantit des soins de qualité. Leurs délais sont en général de trois mois. En plus, nous finançons les neuf mois de prise en charge, sauf les déplacements bien sûr.
– Mais comment, j'ai trois jeunes enfants, je ne peux imaginer...

14. J'ai volontairement choisi ce type de cancer car son évolution peut être lente, sur plusieurs mois au moins.

– D'accord, je vous note pour janvier 2015. Appelez régulièrement car parfois on a du retard.

Que dire de plus...

10 novembre 2013

Notes d'actualités

Depuis le retour de Julie à la maison, les horaires de sa prise en charge m'obligent à utiliser la voiture plutôt que les transports en commun. J'adore écouter celle qui se dit la première radio française tout en ayant elle aussi des origines nordiques. Ces six derniers mois, je me suis amusée à noter des événements sur un petit cahier à spirales et l'étonnant écho qu'ils provoquent en moi. Avant que ce carnet se perde ou que Julie le réorganise feuille à feuille, je décide d'en intégrer quelques extraits à mon journal de bord.

> 3 novembre 2013 : Affaire Leonarda[1] : nouvelles manifestations lycéennes mardi et jeudi.

1. Jeune fille d'origine kosovar expulsée de France avec sa famille quelques semaines plus tôt. Les services de police étaient allés la chercher alors qu'elle se trouvait dans un bus pour une sortie scolaire avant les vacances de Toussaint.

> Après s'être mobilisés à la mi-octobre dans l'affaire Leonarda, les lycéens organisent de nouvelles manifestations mardi et jeudi pour protester contre les expulsions de jeunes étrangers scolarisés.

En fin de journal, le père d'un enfant de 4 ans du nord de la France lance un appel. L'Éducation nationale ne veut pas renouveler le poste de l'auxiliaire de vie scolaire (AVS) qui était auprès de son fils jusque-là, deux heures par jour.

Pas de manifestions annoncées.

Si j'avais le temps, j'appellerais le leader de la fédération lycéenne, qui quelques minutes plus tôt revendiquait le droit à l'éducation pour tous.

Le mouvement lycéen se mobilise immédiatement, oubliant par ailleurs la question de l'absentéisme important de cette jeune fille.

11 novembre 2013

2e changement de statut : « situation critique »

Julie accrochée à mon bras, j'essaie de faire quelques rangements dans le salon. Petite, elle était toujours « collée ». Tristan pour la faire rire disait en la chatouillant : « Attention, je mets en route la machine à décoller le papier... » Le week-end, elle ne lâche plus l'un de mes bras, que ce soit à la maison, au supermarché, pendant les repas ou toute autre activité. Sous une pile de journaux, je tombe sur un exemplaire de *La Croix* en date du vendredi 25 octobre 2013, qui évoque notre situation.

En début d'après-midi, elle me demande de venir faire une sieste avec elle. Elle s'endort rapidement, me laissant un peu de temps – et mes deux mains – pour relire l'article :

« Après Amélie, treize autres familles prêtes à se battre[1] ».
« ... Certaines familles évoquent aussi des problèmes de formation des personnels et de structures non adaptées. C'est le cas de Jeanne, mère d'une jeune fille de 22 ans, atteinte d'une épilepsie... »

J'étais en Irlande quand la chargée de communication de l'Unapei m'avait appelée pour savoir si j'étais prête à témoigner. La réponse était évidente, les mots sont mon seul espoir de changement.

En effet, le 7 octobre dernier, un jugement, jamais rendu jusque-là, fait la une de la presse :

> L'État obligé de trouver une structure pour une handicapée : un espoir pour des milliers de familles. Ils espéraient créer un précédent au nom du « droit à la vie ». Des parents ont obtenu gain de cause devant le tribunal administratif de Pontoise (Val-d'Oise), lundi 7 octobre. La justice a ordonné à l'État de « prendre toutes dispositions » pour qu'une place en hébergement spécialisé soit trouvée pour Amélie Loquet, leur fille handicapée âgée de 19 ans. C'est elle qui a attaqué l'administration, soutenue par sa famille et une fédération d'associations spécialisées dans la défense des personnes handicapées mentales, l'Unapei. L'agence régionale de santé d'Île-de-France doit « prendre toutes dispositions pour

1. Par F. Thomasset.

> qu'une offre de soins permettant la prise en charge effective, dans un délai de quinze jours, de la jeune femme, par un établissement médico-social adapté à son état, soit présentée à ses parents », a jugé le tribunal, sous peine d'une astreinte de 200 euros par jour de retard[2].

Quelques jours plus tard, Mme Carlotti, ministre déléguée aux Personnes handicapées et à la Lutte contre l'exclusion, dépose un recours au Conseil d'État pour obtenir l'annulation d'une décision dont elle devrait se réjouir. L'Unapei se mobilise et Mme Carlotti retire son recours :

> Pour justifier ce revirement, la ministre a indiqué qu'elle avait en tête dès le départ la possibilité de retirer son recours, mais que celui-ci devait « clarifier la situation juridique » et définir « quelle était la responsabilité de chacun ». Le 24 octobre, lors d'une réunion avec les grandes associations du secteur, suivie d'une conférence de presse, Marie-Arlette Carlotti a finalement expliqué qu'elle retirait son recours « par respect des personnes en situation de handicap ». Elle a également indiqué qu'une solution d'hébergement de jour avait déjà été trouvée pour la jeune fille dans une maison d'accueil spécialisée (MAS) du Val-d'Oise et que les différents acteurs travaillaient à une solution d'hébergement à temps complet,

2. Extrait d'une dépêche de l'Agence de Presse médicale.

souhaitée par les parents. Sur un plan juridique, rien n'est vraiment changé par l'arrêt du tribunal administratif de Pontoise. Si la décision devient ainsi définitive, il faudra néanmoins attendre une éventuelle décision du Conseil d'État sur une autre affaire, voire une éventuelle question prioritaire de constitutionnalité (QPC) pour disposer d'une jurisprudence en la matière. Mais c'est précisément ce que veut éviter Marie-Arlette Carlotti, comme elle l'a exprimé maladroitement en indiquant que c'est à l'État « d'apporter des réponses adéquates à chaque famille, pas au juge ». Aussi a-t-elle tiré parti de cette « défaillance collective » pour annoncer plusieurs décisions, tout en affirmant qu'elle « ne veut plus de ces situations »... Elle entend donc généraliser les « commissions chargées des cas complexes » qui existent déjà dans certains départements. Si aucune solution ne se dégage au sein de la MDPH, le dossier passera à une « cellule d'alerte », qui sera créée dans chaque ARS. Marie-Arlette Carlotti devrait prochainement réunir les directeurs d'ARS pour leur donner une feuille de route à ce sujet. La ministre a également annoncé la création d'un « comité de suivi national », piloté par la CNSA. Celui-ci, qui se réunira tous les mois, « va regarder les situations complexes, estimer le nombre de cas et mettra en place des procédures rapides pour trouver des solutions[3] ».

3. Lettre du ministère, page 90.

Dans un courrier, elle emploie même l'expression de « situation critique ». Par chance, j'avais rencontré quelques mois plus tôt Christelle Prado, dynamique présidente actuelle de l'Unapei. Elle connaissait notre situation et nous nous sommes engouffrés avec espoir dans ce dispositif. Pour soumettre un dossier, il fallait avoir vécu une rupture brutale de prise en charge, essuyé un certain nombre de refus, et que la situation ait des conséquences sur la personne concernée et/ou son entourage. Pour une fois, nous rentrons dans les cases ! Nous voilà « situation critique ». On note qu'une solution rapide doit être proposée. La jeune Amélie a reçu une proposition en trois semaines, je crois.

Mais je suis fatiguée et ce double statut de « sans-solutions-situation critique » qui nous est imposé me fait poser à nouveau un genou à terre. Un incident survenu trois semaines après ma reprise démontre ma très grande fragilité. Malgré un changement de traitement qui combine à présent deux antidépresseurs (un pour me donner du tonus et l'autre pour m'empêcher de pleurer dès que je croise un nuage), mon médecin traitant m'arrête cette fois-ci pour une durée d'un mois.

Liberté • Égalité • Fraternité
RÉPUBLIQUE FRANÇAISE

MINISTÈRE DÉLÉGUÉ
EN CHARGE
DES PERSONNES HANDICAPÉES
ET DE LA LUTTE CONTRE L'EXCLUSION

Ministre déléguée en charge des personnes handicapées et de la lutte contre l'exclusion

Paris, le 14 novembre 2013

Personnes handicapées : Marie-Arlette CARLOTTI annonce un dispositif d'alerte et de traitement des « situations critiques »

Marie-Arlette CARLOTTI, ministre déléguée en charge des personnes handicapées et de la lutte contre l'exclusion, s'est exprimée aujourd'hui devant les directeurs généraux des Agences Régionales de Santé (ARS) pour que soit rapidement et efficacement mis en œuvre un dispositif d'alerte et de traitement des « situations critiques ».

Suite aux dysfonctionnements révélés par l'affaire Amélie Loquet, Marie-Arlette Carlotti a souhaité accélérer la réflexion sur la prise en charge des personnes dont la complexité de la situation génère des ruptures de parcours et menace l'intégrité de la personne et/ou de sa famille.

À l'échelon départemental, les MDPH doivent mettre en place, comme c'est le cas dans plusieurs départements, une commission en charge de la gestion des situations critiques.

À l'échelon régional, les ARS désigneront un référent régional ayant pour mission d'identifier des solutions régionales pour prendre en charge et accueillir les personnes pour lesquelles aucune solution n'aura pu être identifiée par les MDPH. L'ARS devra alerter la Caisse nationale de solidarité pour l'autonomie (CNSA) dès lors qu'une solution régionale n'aura pu être identifiée.

À l'échelon national, la CNSA met en place une cellule nationale d'appui aux situations critiques afin de trouver les solutions adéquates et d'identifier les bonnes pratiques d'accompagnement.

Le **3977**, numéro national d'appel contre la maltraitance des personnes âgées et des personnes handicapées, est associé au dispositif de gestion et de traitement des situations critiques.

En complément de ce dipositif opérationnel d'urgence, la ministre confie à Denis PIVETEAU conseiller d'État, le pillotage d'un groupe de travail portant sur les évolutions de la réglementation et de l'organisation de l'accompagnement des personnes handicapées. Il présentera ses préconisations, d'ici janvier 2014, à la Ministre.

Marie-Arlette CARLOTTI est engagée avec détermination pour la création de nouvelles places et pour l'adaptation de l'offre existante, pour l'accueil des personnes les plus en difficulté. Avec le Comité interministériel du Handicap (CIH), le gouvernement a marqué sa volonté de faire vivre en matière de handicap un pilotage interministériel au plus haut niveau de l'État à travers la mobilisation de l'ensemble des membres du gouvernement.

15 novembre 2013

Bonne conscience à la française

En sortant d'une réunion au siège de l'Unapei, je croise son directeur général T. Nouvel[1] et lui demande s'il a un peu de temps à me consacrer. J'ai en tête une « alerte Santé » d'une agence de presse médicale que Tristan m'a transmise.

> La loi autorisant l'approbation de l'accord-cadre du 21 décembre 2011 sur l'accueil des personnes handicapées françaises au sein de services de la région belge de Wallonie est parue jeudi au *Journal officiel*... Le Parlement wallon a ratifié le texte le 17 avril 2013... Il a été adopté par le Sénat le 25 juillet puis par l'Assemblée nationale le 31 octobre... « Cet accord-cadre permettra un recensement des personnes handicapées françaises prises en charge dans des établissements

1. T. Nouvel, juriste de formation, est directeur général de l'Unapei depuis 2008, qu'il a intégrée en 2002.

wallons, des inspections communes franco-wallonnes de ces mêmes établissements ainsi qu'une clarification et une réelle continuité de la prise en charge dans l'intérêt des personnes autistes et de leurs familles », résume la ministre, Mme Carlotti. Le texte prévoit la mise en place d'un relevé d'information visant à permettre une meilleure identification des personnes handicapées, rappelle-t-on. Outre des éléments d'état civil, il doit comprendre les dates d'entrée et de sortie de la personne, l'autorité responsable de son orientation vers un établissement wallon, et celle responsable du financement. L'accord charge l'agence régionale de santé (ARS) Nord-Pas-de-Calais de centraliser ces données. Une convention entre l'ARS Nord-Pas-de-Calais et l'Agence wallonne pour l'intégration des personnes handicapées doit acter le fonctionnement de l'inspection commune franco-wallonne.

Bien sûr, cette loi a pour objectif de protéger les enfants ou adultes handicapés en Belgique. Mais elle me laisse un goût amer. Faute de pouvoir accueillir nos enfants, la France décide de contrôler ce qui se passe au-delà de la frontière. Comment ? Les établissements seront-ils prévenus de l'arrivée d'inspecteurs français ? Je suis tombée un jour sur les taux d'établissements français contrôlés de manière externe et, de mémoire, il ne dépassait pas 5 %. Rappelons aussi qu'en France, seulement deux évaluations externes sur quinze ans sont prévues. Il peut se passer tout et n'importe quoi entre ces deux visites !

Quels sont d'ailleurs les pouvoirs réels des inspecteurs et ARS sur les établissements ? Si les inspecteurs des ARS peuvent en théorie réaliser des inspections surprises et si besoin fermer un établissement, qui ferait cela aujourd'hui alors même qu'il y a un manque cruel de places ? Déjà J.-F. Chossy, dans son rapport de 2003, soulignait l'impossible retour des Français de Belgique :

> Non les familles ne se plaignent pas. Parce qu'elles ont enfin pu trouver une issue de secours au fond du cul-de-sac de leur chemin d'errance et de désespérance. Et que voudriez-vous qu'elles disent alors ?... Il conviendra de ne pas adopter de solutions qui pourraient s'avérer brutales pour les familles, et de faire preuve de diplomatie à l'égard de nos amis belges, auxquels nous devons exprimer notre reconnaissance pour l'ensemble du travail qu'ils accomplissent en faveur des nôtres... Mais il est bien sûr que, si ces places disparaissent brutalement, la douleur serait encore plus grande pour tous.

J'ai vraiment l'impression que nos gouvernants ne lisent pas les rapports qu'on leur remet. Les mots de celui-ci ne peuvent laisser insensibles. L'État se donne bonne conscience à travers de tels accords qui masquent mal une réelle méconnaissance du terrain.

T. Nouvel m'accueille dans son bureau. Les dernières semaines à l'Unapei ont été chargées, entre le référé Locquet et la signature de cet accord. Il comprend mon désappointement mais veut voir dans ce texte un énorme pas en avant.

> On va peut-être enfin pouvoir avoir de vrais chiffres. C'est hallucinant de voir qu'un pays se désintéresse du devenir de ses ressortissants. Allant jusqu'à payer sans savoir ce qui se passe et peu importe la manière dont ça se fait. C'est pour moi la négation même de ce qu'est une personne.

Rapidement, il évoque le manque de places qui a mené à cette situation et avance le chiffre de 13 000 enfants sans-solutions.

> Quand on parle aux pouvoirs publics de solutions inadaptées ne permettant pas à la personne de développer un projet optimal, je me suis entendu dire que c'était déjà mieux que rien.

Il me parle alors des « usines à Français[2] » qui ont vu le jour pour des raisons strictement financières. Les établissements belges n'ont pas les mêmes contraintes réglementaires et le prix de journée payé par les Français

2. C. Prado, *Le Monde*, 4 janvier 2014 « L'exil forcé de handicapés français en Belgique. »

est bien supérieur à celui proposé pour un résident belge. Je le questionne sur la possibilité d'ouvrir le système français à des opérateurs privés de la même manière. Aujourd'hui plus de 90 % des établissements sont gérés par des associations créées par des regroupements de parents.

Bien sûr cela permettrait peut-être l'apport de fonds, mais je crains qu'une gestion proche des cliniques privées ne fasse perdre l'esprit de l'accompagnement qui, pour les personnes handicapées, se fait sur la durée. La variable d'ajustement pour un établissement est la masse salariale qui représente 75 % du budget. L'accompagnement humain est le fondement de la prise en charge dans le handicap et on ne peut imaginer de réduction sans en faire pâtir les personnes handicapées. Si le personnel n'est pas soutenu et stable, on connaît les dérives possibles et les risques de maltraitance qui en découlent.

Nous abordons pour finir la question du dispositif de crise mis en place par Mme Carlotti.

Hélas ! nous n'en attendons pas grand-chose, les MDPH sont débordées, les administratifs n'y connaissent pas grand-chose. Les événements récents auront au moins permis de montrer une réalité qu'on ne voulait pas voir : l'absence de solution pour des familles.

Il reconnaît aussi que l'Unapei entame un travail sur les refus d'admission par les établissements.

> Il faut qu'ils soient réellement justifiés et surtout effectués en totale transparence. La plupart le sont mais ne sont pas expliqués aux familles. Compte tenu du nombre de personnes en attente, certains établissements privilégient les situations les moins difficiles.

Je quitte son bureau, désabusée. La discussion a été enrichissante et cet homme combatif ne méconnaît pas l'étendue du marasme. L'explication purement économique justifie-t-elle ces exils en masse ?

Je suis en retard pour libérer l'auxiliaire de vie. Julie doit s'impatienter.

En ouvrant ma portière, mon regard s'arrête pourtant sur l'école publique située sur le trottoir d'en face. Sur le chapeau de la porte, je lis « Liberté, Égalité, Fraternité ». Je souris. Pour chacun de nos exilés mentaux, nous sommes en droit de nous demander si ce choix a réellement été libre, si la France leur offre les mêmes droits qu'à un pair de leur âge, et si le mot « fraternité » n'a pas été remplacé par « rentabilité ».

23 novembre 2013

Les Piérides

Je viens de déposer Julie aux Piérides, le foyer d'accueil médicalisé où elle avait déjà passé un week-end en octobre. Étonnamment, je ne suis pas inquiète. Je me souviens encore de notre première arrivée.

Au cœur d'une banlieue un peu chic de Lille, on atteint le foyer après avoir traversé une suite de ces belles maisons de briques si caractéristiques du Nord. Des images de mon enfance, de mes racines. Dans ma mémoire, les paysages sont toujours ensoleillés... C'est peut-être l'accueil des gens du Nord qui projette chaleur et luminosité sur les bâtiments.

Le foyer est situé dans une partie résidentielle de la ville et ressemble presque à une maison comme les autres. Mais à peine avons-nous passé la porte d'entrée, que Julie s'arrête, interloquée. Les bâtiments sont organisés en cercle et au centre, sur une vaste pelouse, nous apercevons deux jeunes femmes occupées à brosser des poneys. Julie sourit : « Maman, y a des poneys ici. » Au moment même où elle prononce ces mots, un magnifique golden retriever nous accueille. Julie est à présent mutique de bonheur. Elle adore les animaux et « surtout les gros chiens ». Le directeur m'expliquera quelques minutes plus tard qu'il s'agit d'un chien dressé pour l'accompagnement de personnes aveugles. Il a échoué aux épreuves finales et a pu ainsi être adopté par l'établissement.

L'accueil est simple, chaleureux. Rien ne semble compliqué, aucune angoisse à accueillir Julie. Les autres résidents ont l'habitude « des nouveaux », les trois lits d'accueil temporaire étant occupés régulièrement. Une observation rapide me permet de remarquer une certaine hétérogénéité à la fois en âge et en mobilité chez les pensionnaires. Le directeur me précise que l'établissement accueille à la fois des personnes atteintes de handicap mental et de handicap psychique qui s'accompagne souvent de limitations intellectuelles.

Julie et moi nous promenons dans les couloirs comme si nous y avions toujours vécu. La bienveillance règne partout. L'équipe semble paisible, heureuse d'être là et totalement à l'écoute des résidents et de leur famille.

Le contraste avec ce que nous avons vécu jusqu'en septembre 2012 est abyssal. Certes, individuellement, nous avons rencontré de bons professionnels et de belles personnes. Mais la gestion du collectif entraînait une telle souffrance que la dérive était inévitable. Nous avons osé dire non et Julie en a fait les frais. Et par ricochet, chacun des membres de notre famille et notre couple.

De : Mme D
Lundi 18 novembre 18 h 08
À : jeanne.tristan.auber@gmail.com
Sujet : Votre dossier a été transmis à l'ARS de votre région

Madame Auber,

L'Unapei a transmis comme convenu votre dossier à l'Agence régionale de santé (ARS) de votre région afin qu'elle examine la situation de votre fille Julie et agisse au plus vite. Vous trouverez ci-joint et comme prévu la fiche descriptive de votre situation ainsi que le courrier adressé au directeur de l'ARS, ainsi qu'au cabinet de Madame Carlotti, ministre déléguée auprès de la ministre des Affaires sociales et de la Santé, chargée des Personnes handicapées. Ces deux documents ont été accompagnés d'une copie des pièces fournies par vos soins.
Nous vous remercions de nous tenir informés des éventuels contacts et ou changements de situation que vous pourriez connaître dans les jours ou les semaines

à venir. De notre côté, nous vous tiendrons au courant des informations qui pourraient nous parvenir directement quant au traitement de la demande que nous avons adressée pour votre compte.
Nous profitons également de cet échange pour vous transmettre les informations annoncées par Madame Carlotti jeudi dernier quant à la mise en place d'un dispositif « d'alerte et de traitement des situations critiques » qui verra bientôt le jour pour répondre aux demandes d'autres familles.
Cette annonce fait suite à la forte mobilisation de l'Unapei dans le cadre du contentieux récemment engagé avec la famille de la jeune Amélie et pour le compte de l'ensemble des familles qui comme vous font face à la carence de places en établissements médico-sociaux.

Cordialement
Mme D
Assistante du Pôle actions nationales et internationales

10 décembre 2013

À l'école de TED et ses amis

J'ai beaucoup hésité à prendre contact avec Isabelle, qui a fondé son propre établissement, À l'école de TED et ses amis, pour répondre aux besoins de son fils, trisomique et TED[1] non verbal. Je gardais en mémoire notre première rencontre en 2011 lors d'une réunion préparatoire pour un forum du Handicap dans notre commune. Dès le début de son intervention, sa douloureuse colère avait envahi la pièce. Je l'avais rencontrée une seconde fois, en 2012, quand elle était venue présenter son projet au sein de notre association APEI : une structure pour cinq enfants avec un éducateur par enfant. Elle avait écrit un programme à la carte pour son fils, en y important toutes les méthodes récentes en matière d'autisme. Avec trois autres familles, elle avait

1. Troubles envahissants du développement souvent rattaché à l'autisme.

créé une mini-structure, bien différente d'une prise en charge à domicile mais « hors tout », c'est-à-dire hors appel à projet, hors association gestionnaire. À cause de ce « hors tout », j'avais refusé de voter le soutien financier de notre association.

Elle savait qu'en juillet 2013, l'établissement de son fils cesserait de l'accueillir. Le directeur de l'IME, M. L est humain mais parle de ses limites institutionnelles. Les deux premières années, on lui avait accordé un budget complémentaire pour recruter une auxiliaire médico-psychologique (AMP) et mieux accompagner Yoann. Puis, c'est sur son budget propre qu'il a dû assurer ce personnel supplémentaire. Par ailleurs, il sentait que son établissement ne permettait pas de répondre aux spécificités de cet enfant, l'équipe se trouvait de plus en plus en difficulté. Après avoir recherché une place pour Yoann dans un autre établissement, en vain, il avait lui aussi proposé à Isabelle de chercher une place en Belgique. De son côté, elle avait écrit à plusieurs établissements de type MAIA[2], aux Petites Victoires[3] (un IME) dans Paris. Elle a même contacté une structure privée du département, 6 places avec 80 enfants en liste

2. Maison pour l'apprentissage et l'intégration des enfants avec autisme.
3. IME spécialisé dans l'autisme.

d'attente. La structure risquait de fermer ses portes faute de moyen, la ville ayant repris les locaux pour d'autres projets.

Isabelle refuse alors le retour à domicile. Vivre une prise en charge à la maison n'a rien à voir avec la vie que doit avoir un enfant. La rencontre avec des pairs fait partie de la socialisation indispensable à tout être en croissance. Pour son enfant aussi, elle le sait. Avec son mari, ils achètent des bureaux en rez-de-chaussée pour disposer de locaux propres. À l'ARS, on qualifie son IME d'illégal. Sa structure sera donc une école parentale locale et solidaire. Isabelle a le soutien de la Fondation Autisme et obtient le label qualité de Maison de l'Autisme.

Elle reçoit même un courrier encourageant du cabinet de Mme Carlotti : « Nous inclurons la création de cette structure dans nos priorités[4]. » Tous les six mois cependant, c'est un conseiller différent qui l'accueille au ministère, le précédent étant passé à l'agriculture, à la culture ou encore ailleurs. Et malgré le soutien affiché du cabinet du ministre, aucun financement n'a pu être dégagé à ce jour.

4. Extrait d'un courrier daté du 19/11/2012 et adressé à Isabelle et à son association À l'école de TED et ses amis par le ministère chargé des Personnes handicapées et de la Lutte contre l'exclusion.

Aucun soutien du département non plus, seulement une subvention modeste de la mairie. Elle recherche donc d'autres financements. C'est ainsi que trois familles la rejoignent et s'engagent à employer chacune un éducateur.

L'établissement ouvre donc ses portes en septembre 2013 à quatre enfants souffrant de troubles autistiques et âgés de 6 à 12 ans. Le local a été entièrement rénové et comprend quatre grandes pièces, trois pour les activités, une pour les repas, l'atelier cuisine et arts plastiques. Du matériel éducatif scolaire est rangé dans l'une d'entre elles, les deux autres étant destinées à des activités motrices ou sensorielles. L'atmosphère y est chaleureuse. Une psychologue, une orthophoniste, une psychomotricienne interviennent chaque semaine. Une éducatrice Montessori est présente quatre jours par semaine pour les apprentissages scolaires. Les enfants sont accueillis à des horaires d'école. Le plus grand était au domicile de ses parents depuis deux ans après un parcours en classe pour l'inclusion scolaire (CLIS). Tout est prévu : les repas sont livrés par l'ESAT local, les transports assurés par les familles ou par le système départemental.

Isabelle passe des heures à affiner la gestion de ce projet, à titre bénévole bien sûr. Le coût de fonctionnement est de 10 000 euros par mois, incluant le loyer, la supervision par une psychologue ABA[5], le temps partiel d'une éducatrice Montessori, le financement d'ateliers collectifs type musique, modelage, piscine, jardinage. Chaque famille assume le salaire de l'éducateur à mi-temps ou temps plein, les repas de son enfant et de son éducateur. Soit, par famille et après déduction des aides allouées par la MDPH, une somme de 500 à 1 000 euros par mois. Le projet est prévu pour cinq enfants, pris en charge 210 jours par an, avec un prix de journée à 360 euros.

Elle espère qu'une telle structure, de petite taille, contribue à stabiliser les difficultés de certains enfants et leur permette de réintégrer un IME ou un établissement adulte. Peut-on reprocher à une mère de vouloir le meilleur pour son enfant, quel qu'il soit ? Elle me dit qu'elle est franchement dégoûtée et serait « prête à rendre sa carte d'identité, à entamer une grève de la faim, voire pire ». Pour elle, la France, pays des droits de l'homme, a renié les droits du citoyen Yoann et a abandonné sa famille.

5. Pour Applied Bechavior Analysis (Analyse appliquée du comportement).

Je sors de L'école de TED, déstabilisée. Isabelle a refusé l'exil ou l'isolement pour son fils. Grâce à ses ressources à la fois financières et sociales, elle a eu l'énergie d'imaginer et de créer une structure d'un format probablement intéressant pour certains enfants porteurs de handicaps complexes. Tout le monde ne peut gérer et sécuriser un tel projet.

Pourquoi nos administrations ne l'ont-elles pas soutenue financièrement ? Le projet était solide. Par peur peut-être d'en voir naître des milliers dans les mois qui viennent ? J'en doute, quand je vois ce qu'Isabelle a dû déployer pour y arriver.

Surtout, quel retour en arrière ! Dans les années 1950, face à l'évolution des hospices en hôpitaux, les familles n'ont eu d'autres choix que de créer des structures, en urgence et, souvent, sur leurs fonds propres. Conscient de ce dysfonctionnement, l'État promulguera quelques années plus tard un texte permettant le financement de structures par la solidarité nationale. Mais la gestion en reviendra le plus souvent à des associations loi 1901 créées par les parents pour défendre les droits et besoins de leurs enfants.

De : Mme D. Unapei
Jeudi 19 décembre, 17 h 22
À : jeanne.tristan.auber@gmail.com
Sujet : Réponse à votre mail

Madame,

Nous avons bien conscience que le temps passe et qu'un long mois s'est écoulé depuis l'envoi du dossier de votre fille Julie à l'ARS d'Île-de-France.

Faisant le même constat que vous, l'Unapei a décidé de « relancer » le cabinet de Madame Carlotti en demandant une rencontre afin d'évoquer à nouveau les cas des familles pour lesquelles aucune avancée n'est intervenue à ce jour.

Pour votre parfaite information, pour une famille relevant d'une autre région, la situation est en voie de déblocage. Nous espérons donc qu'il en sera rapidement de même pour votre fille.

Nous ne manquerons pas de vous tenir au courant de l'évolution de la situation.

Cordialement

Mme D
Assistante du Pôle actions nationales et internationales

De : jeanne.tristan.auber@gmail.com
Jeudi 19 décembre, 18 h 12
À : Mme D
Sujet : Re : Réponse à votre mail

Madame,
Merci de votre réponse. Ce long mois s'ajoute à d'autres... et nous espérions finir l'année avec une éclaircie. Cela paraît mal engagé et nous allons devoir attendre, je pense, 2014...
1 famille sur 13[1], c'est peu...
S'ils en font une par mois...
Merci encore de votre aide en sachant que nous sommes prêts à passer au cran supérieur si besoin.

Jeanne Auber

1. Référence à l'article du 25/10/2013, *La Croix*, « Après Amélie, treize autres familles prêtes à se battre ».

24 janvier 2014

Incroyable, on en parle !

Je n'en crois toujours pas mes yeux et mes oreilles. Plusieurs articles de presse et deux émissions télévisées !

Le Monde du 4 janvier : « L'exil forcé de handicapés français en Belgique. Faute de places, 6 500 handicapés mentaux sont accueillis dans les structures wallonnes soumises à peu de normes[1]. »

Le plus choquant dans ce reportage est sans aucun doute l'interview de Mme Carlotti, en bas de page :

> J'ai découvert en mars 2013, lors d'une visite en Belgique, les « boîtes à Français », et comme elles étaient mal contrô-lées. On m'a parlé du développement d'établissements créés par des associations privées à but lucratif pour accueillir des personnes handicapées mentales françaises, parce que les prix de journée français, notamment ceux payés par les

1. Par P. Krémer.

conseils généraux, sont supérieurs aux prix payés par la Wallonie pour les handicapés belges.

En poste depuis 2012, madame la ministre découvre une problématique pour laquelle les associations alertent depuis des années. Même si les ministères se vident de leurs dossiers lorsque le gouvernement change, des dizaines de rapports sont accessibles sur Internet. Si j'osais, je lui adresserais un mail. Ignorer l'exil belge équivaut à méconnaître la situation des personnes handicapées mentales. Et ce n'est là, madame, que le reflet des insuffisances de notre territoire !

Libération du 17 janvier 2013 : « La France se décharge de nos enfants handicapés en Belgique. La France sous-traite depuis des années la prise en charge des personnes handicapées. Pour des raisons économiques[2]. » Dans cet article, le chiffre de 140 établissements est avancé contre une centaine il y a deux ans. Le dernier paragraphe pointe du doigt les autorités françaises, peu pressées de s'intéresser au problème.

Tout est dit.

2. Par M. Piquemal.

M6, 19 janvier 2014 :

« Le calvaire de trop nombreuses familles de personnes handicapées mentales en France est enfin dénoncé par un média grand public et porté à la connaissance des Français. » D'après le communiqué de l'Unapei, la principale association du secteur de handicap mental. M6 diffuse ce dimanche à 20 h 50 dans « Zone interdite » un reportage qui dénonce l'accueil et l'accompagnement des personnes handicapées mentales en France. Ce programme a pour but de montrer l'insuffisance de solutions adaptées aux besoins des personnes handicapées mentales en France, insuffisance qui mène à des dérives scandaleuses : l'exil forcé en Belgique dans des usines à handicap, la marchandisation des personnes les plus vulnérables et des traitements indignes que subissent ces personnes...
L'Unapei souhaite que ce documentaire « provoque un électrochoc dans l'opinion publique afin que la France prenne les mesures qui s'imposent. »

Tristan regarde seul cette émission pendant que je raconte une histoire à Julie. Dès les premières minutes, elle a demandé à se coucher. Elle ne s'endormira que deux heures plus tard. Peut-être a-t-elle voulu me protéger de ce reportage dans lequel le mot de maltraitance apparaît si vite ? Je me réjouis cependant d'apprendre le lendemain l'audience de ce programme : 3,9 millions de spectateurs. Je n'ai pas pris le temps de regarder en différé l'émission mais Tristan me raconte comment un établissement français se retrouve fermé par décision administrative en raison de maltraitances et de négligences graves. Plusieurs des résidents sont alors pris en charge en Belgique, pays où les règles sont moins strictes. Des établissements français seraient-ils donc aussi médiocres que de l'autre côté de la frontière, alors même que notre réglementation est plus exigeante !

Le soir même, Tristan s'absente et j'autorise Julie à rester auprès de moi pendant que je regarde le second reportage de la semaine en prime-time.

> France 5 propose mardi 21 janvier à 20 h 35 le documentaire d'Églantine Éméyé sur son parcours avec son fils Samy, autiste. En caméra cachée, la journaliste est allée à la MDPH de Paris pour mettre en évidence les dysfonctionnements que les associations dénoncent depuis plusieurs années.

Tourné avec pudeur et intelligence, ce documentaire rapporte le lot de difficultés que vivent les parents d'enfant à handicap lourd. Les incohérences relatées me feraient presque sourire si j'ignorais qu'elles sont bien réelles. Ces scènes font écho à tant de moments vécus. Comment la MDPH peut-elle par exemple justifier le passage en commission une fois par an d'enfants dans des situations de handicap grave ? Avec humour, Églantine Eméyé note : « Il n'y a que la MDPH qui croit encore au miracle ! » Perte de temps et douleur pour la famille qui devra énumérer, pour la dixième ou centième fois, tout ce que l'enfant ne sait pas faire.

Je regarde cette jeune femme superbe, qui travaille. Le téléphone sonne et la nounou l'informe que Samy a un pic de fièvre. Elle sait que chaque épisode fébrile s'accompagne d'une souffrance physique et morale chez son fils, difficile à apaiser. Les images sont terribles. Elle donne quelques conseils et reprend – comme si de rien n'était – l'animation d'une réunion de cadres dirigeants. Seuls ceux qui la connaissent peuvent remarquer que son sourire est un peu plus inquiet. Plus tard devant la caméra, elle aborde la prise en charge en établissement. De galère en galère, après avoir elle-même créé une mini-structure, elle finit par accepter une place à Hyères, c'est-à-dire à 800 km de chez elle. Elle va voir Samy régulièrement avec son autre fils, un peu plus âgé. L'histoire d'un exil intraterritorial[3] en quelque sorte.

3. Le *Larousse* propose deux définitions au mot exil : Situation de quelqu'un qui est expulsé ou obligé de vivre hors de sa patrie… être condamné à l'exil ; ou : Situation de quelqu'un qui est obligé de vivre ailleurs que là où habituellement il aime vivre… être relégué dans un exil provincial.

Combien de familles peuvent-elles se permettent de tels déplacements ? Une étude de 2011 sur les disparités des équipements pour enfants handicapés sur le territoire montre que près de 1 200 enfants sont accueillis dans une région non limitrophe. Notons qu'il ne s'agit pas de départements mais de régions, ce qui sous-entend pour certains des éloignements de plusieurs centaines de kilomètres.

Il m'est arrivé d'entendre parler de familles « abandonniques ». Faut-il s'en étonner ? N'est-ce pas l'unique mode de vie imposé à certains par la lourdeur du handicap et l'éloignement ?

Ces enfants – et adultes – rejoignent donc notre cohorte d'exilés mentaux.

Je viens d'avoir la directrice de la MAS. Ce matin, en s'arrêtant devant son bureau, Julie lui a lancé : « le handicap, c'est compliqué ». Mme M. est restée un instant stupéfaite. Le temps qu'elle se retourne, Julie avait déjà rejoint son groupe.

De : Jeanne Auber
Samedi 25 janvier, 9 h 35
À : Mme D
Sujet : Re : Notre Dossier

Madame,
Cela fait donc plus de deux mois que le dossier a été transmis à une « cellule de crise ». Vous m'indiquiez en décembre avoir conscience que le temps passait… il ne passe pas tout à fait de la même manière quand on a l'enfant à charge. Lors du congrès – où nous nous sommes croisées –, vous m'avez expliqué qu'il fallait vraiment qu'il y ait « crise ». Je vous avais répondu que nous pouvions tous au sein de notre famille nous faire hospitaliser… il faudrait bien alors que quelqu'un s'occupe de Julie ! Je tiens donc à ajouter à mon dossier que j'ai été en arrêt maladie pendant un mois et demi pour un état de « fatigue-dépression ». Grâce à C. H., présidente des Papillons Blancs Roubaix-Tourcoing, notre fille va maintenant une semaine par mois dans le Nord. Nous ne pouvons que constater la reprise de ces progrès en autonomie et cela compense un peu la

fatigue ajoutée par les kilomètres parcourus. Comme j'avais dû vous l'indiquer, nous sommes prêts à assumer un éloignement raisonnable de 2 heures de route (tout à fait gérable quand la personne revient tous les 15 jours). Si les demandes restent limitées à l'ARS territoriale Val-de-Marne, aucun espoir de solution...

Je me permets donc de vous questionner de nouveau sur les actions futures ?

Si rien ne se fait, pour nos enfants, nous n'aurons finalement rempli qu'un dossier de plus, inutile, et le ministère aura gentiment fait une opération de communication nationale de bonnes intentions... « en baladant » (vulgairement...) l'espoir de 13 familles (et de milliers d'autres) et notre association...

Dans l'attente de vos réponses

Bien cordialement

Jeanne Auber

De : ZZ@ars.sante.fr
Dimanche 2 février, 18 h 30
À : jeanne.tristan.auber@gmail.com
Cc : hh@unapei.org
Sujet : dossier de Julie

Bonsoir,
J'essaie de rechercher une structure d'accueil pour Julie, dont la demande a été faite par l'Unapei ; je vous transmets dans un premier temps les dossiers de préadmission pour deux structures, l'une à C, l'autre à T (je vous renvoie demain les dossiers papier ; ces structures pourraient accueillir Julie, sous réserve d'un passage en commission de préadmission (l'une se tient mi-février, donc si ces dossiers pouvaient être rapidement renvoyés...).

L'agrément pour ces structures concerne des personnes un peu plus âgées que Julie, mais je pense que le critère d'âge pourrait donner lieu à une entrée à titre exceptionnel de votre fille.

Je vous transfère par ailleurs les mails des personnes que j'ai eues au téléphone ; dites-moi les résultats de ces premières approches, je continue à rechercher d'éventuelles structures, mais le profil de Julie ne sera jamais exactement conforme à ces structures ; merci d'examiner le profil de ces structures sous l'angle du bien-être de Julie.

Cordialement et je me tiens à votre disposition pour des renseignements complémentaires.

Dr ZZ

De : jeanne.tristan.auber@gmail.com
Dimanche 2 février, 19 h 02
À : ZZ@ars.sante.fr
Sujet : Re : TR : dossier d'admission au foyer d'accueil les M

Bonsoir,
Merci pour ces deux dossiers mais nous n'avons pu trouver sur Internet les deux projets d'établissements. Difficile de se faire une idée sans cela.
Notre fille, qui a de vraies compétences, a effectivement un profil atypique qui lui permettrait d'intégrer aussi bien une MAS, qu'un FAM ou un foyer de vie pourvu que la structure soit bienveillante en travaillant un réel projet individuel (comme le prévoit la loi…).

Je vous rappelle que notre fille a eu une rupture de prise en charge un samedi soir par mail dans un contexte de maltraitance dont l'ARS a été informée. Ce contexte est important à connaître car nous savons que le directeur contre lequel nous avons porté plainte a transmis des informations erronées (mensongères) à au moins

deux établissements que nous avions contactés, bloquant ainsi l'admission de notre fille...
Ses besoins médicaux sont idéalement de la psychomotricité et de l'orthophonie et éventuellement de la kiné.
Nous attendons donc quelques informations complémentaires avant de compléter les dossiers... (nous ne comptons plus ceux remplis depuis septembre 2012...).
En vous remerciant.

M. et Mme Auber

5 février 2014

Notes d'actualités

J'ai récupéré Julie après le déjeuner et l'accompagne pour une nouvelle semaine aux Piérides. Elle saute de joie chaque fois que nous préparons sa valise. La voir si heureuse nous fait du bien. J'ai même osé prendre une semaine de vacances à l'étranger avec Maud. Tristan reste tout de même en France, au cas où.

Je sais pourtant que tout incident sera parfaitement géré par l'équipe et je m'autorise à lâcher un peu prise. D'autant que ces allers-retours Paris-Lille sur la demi-journée m'épuisent. Pour ne pas m'endormir, j'écoute la radio. C'est l'heure de la parole aux auditeurs. Le journaliste revient sur deux événements récents.

> 3 février 2014 : L'homme qui a lancé un chat contre un mur a écopé d'un an de prison ferme. Une sanction beaucoup trop lourde prise sous le coup de l'émotion, s'indigne sur Le Plus

l'ancien avocat Rubin Sfadj. Et si cette peine était finalement justifiée ?
4 février 2014 : Trois mineurs ont été interpellés lundi et mardi à la suite de l'agression d'un jeune handicapé à Fontaine (Isère) dimanche – des faits qui ont été filmés et diffusés sur Facebook.

Une auditrice appelle et explique « que comme pour le chat, il faudrait une peine de prison » ! J'avoue rire jaune quand j'entends qu'on met sur le même plan les maltraitances subies par un chat et par un mineur vulnérable. Leur seul point commun est d'être diffusées sur un réseau social !

Quel sens ont de toute façon ces peines de prison alors que des milliers d'entre elles ne seront jamais réalisées faute de place ? Je rêve plutôt à des travaux d'intérêt général pour ces trois jeunes. Ne pourraient-ils pas passer la moitié de leurs week-ends et de leurs vacances scolaires dans un IME, par exemple ? Une façon sûrement plus intéressante d'éviter la récidive. Mon optimisme me fait même espérer quelques belles rencontres et la naissance de vocations !

Le respect ne s'apprend-il pas en vivant ensemble ?

De : jeanne.tristan.auber@gmail.com
Envoyé : jeudi 6 février 2014, 23 h 02
À : ZZ@ars
Objet : Re : dossier de Julie

Madame,
J'ai donc adressé un dossier au foyer d'accueil médicalisé du T. Vous avez reçu en copie un mail avec le dossier complété qui pourrait être si besoin transmis à d'autres structures. Depuis les 19 ans de notre fille, nous avons dû remplir une quarantaine de dossiers différents traitant pourtant de la même problématique ! Chaque fois il nous faut photocopier les mêmes pièces, ce qui ajoute de l'usure à notre usure...

Par ailleurs, concernant la MAS de C, j'imagine qu'il s'agit d'une erreur de votre part car cet établissement accueille uniquement des personnes de plus de 50 ans. Qui d'entre nous aimerait vivre en internat uniquement avec des personnes de 30 ou 40 ans de plus, dont les problématiques et les activités ne peuvent à l'évidence être communes ?

Nous n'en sommes pas au point de vouloir nous débarrasser de notre fille sans tenir compte de ses besoins.
Comme vous le savez, les appels à projets ont pour effet de créer beaucoup de structures pour des populations bien définies. Que deviennent alors les personnes comme notre fille qui ne sont pas assez épileptiques chez les épileptiques, pas assez autistes chez les autistes, trop vieilles ou trop jeunes ?... La loi prévoit pourtant que l'établissement doit s'adapter à la personne accueillie et non le contraire.
Concernant la recherche d'établissements, je ne peux que vous inviter à lire un chapitre du livre Bonjour, jeune beauté !, paru aux éditions Bayard en 2013 : « Embarquement difficile ». Proposer deux établissements dont un est d'emblée inadapté est cause de fausses joies puis de déception dans notre famille qui est déjà bien fatiguée... alors je préfère croire qu'il s'agit d'une erreur, confusion de dossier ou autre !
Bien cordialement.

Mme Auber

De : ZZ@ars.sante.fr
À : jeanne.tristan.auber@gmail.com
Date : 15 février 2015, 18 h 52
Objet : RE : dossier de Julie

Madame Auber, j'avais vu votre mail mais désolée de répondre aussi tard.
J'avais bien vu que la structure de C concernait des personnes vieillissantes, mais ce vieillissement apparaît pour certaines personnes dès 40 ans, donc plus âgées que votre fille effectivement, mais la population accueillie aurait pu convenir à Julie ; je n'ai pas de renseignements plus précis sur les personnes accueillies.
Désolée pour cette fausse joie que j'ai pu vous donner ; d'emblée j'avais écarté d'autres structures qui ne me semblaient pas adaptées à Julie, mais je me posais des questions sur celle-ci.
Cordialement.

ZZ

18 février 2014
De : jeanne.tristan.auber@gmail.com
À : ZZ@ars.sante.fr

Madame,
Nous sommes rodés aux fausses joies... et souhaitons que les choses puissent avancer.
Comment fait-on pour avoir des nouvelles de l'établissement à qui nous avons adressé le dossier pour une commission mi-février.
Par ailleurs, il semblerait que plusieurs ouvertures de foyers d'accueil médicalisés soient prévues en 2014 en Île-de-France. Notre problème est que Julie fait peur car elle a été « exclue » d'un établissement, même si cela est abusif. La plainte en cours permettra de rétablir les faits mais en attendant, ces faits nous desservent. Julie va bien, ses troubles du comportement sont correctement apaisés depuis que son épilepsie est contrôlée et qu'elle a quitté un établissement où la bienveillance n'était pas pratiquée...
Nous sommes fatigués, mes deux autres enfants aussi.
En attendant de vos nouvelles.

Jeanne Auber

26 février 2014

Notes d'actualités (suite)

L'opération militaire française en Centrafrique, ou opération Sangaris, a déjà coûté 100 millions d'euros depuis le 5 décembre 2013. À ce sujet, le ministre de la Défense Jean-Yves Le Drian a déclaré sur Europe 1 : « Jusqu'ici le budget de Sangaris est d'à peu près de 100 millions d'euros, si on est en année pleine ça sera aux environs de 200 millions d'euros. » L'opération militaire française au Mali avait déjà révélé les problèmes financiers de la Défense, durement touchée par les livres blancs successifs. La Défense a prévu un budget 450 millions d'euros pour les Opex[1] de 2014, un montant bien inférieur aux années précédentes.

Avant de commencer la lecture des rapports il y a quelques semaines, je n'avais pas de chiffres en tête. Aujourd'hui, je sais qu'avec 450 millions d'euros on peut

1. Pour opérations extérieures.

envisager la création d'environ 15 000 places. On pourrait peut-être envoyer l'armée rechercher nos exilés !

J'imagine la réaction d'Hadrien à la lecture d'une telle note d'humour. Bien sûr, la France doit rester une puissance respectée, mais ne peut-elle pas trouver des budgets pour respecter ses propres enfants ?

17 mars 2014

Des hauts et des bas

J'ai abandonné ce journal depuis plusieurs semaines. J'étais à l'arrêt, en attente d'une solution qui devait être rapide.

Trois mois après la transmission de notre dossier au ministère, un médecin de l'ARS nous propose, dans le cadre de la cellule des cas critiques, d'adresser une demande à deux établissements d'Île-de-France.

Sa bonne volonté semble évidente, mais dans les faits, je lui fais découvrir le fonctionnement des établissements et les démarches d'admission. Elle paraît même tout ignorer des projets d'établissements selon lesquels les candidatures envoyées sont sélectionnées.

Comment sinon nous aurait-elle proposé un foyer pour personnes vieillissantes à troubles psychiatriques ? Julie a 22 ans et ne présente ni vieillissement prématuré, ni troubles psychiatriques. Méconnaissance, précipitation, globalisation du handicap et regroupement « des handicapés » niant tout projet individuel ? Ou encore globalisation du handicap mental et des « troubles du comportement » qu'on préfère « psychiatriser » plutôt que comprendre ?

Une idée me vient. Pourquoi ne pas engager des parents ayant fait leur preuve dans le domaine associatif à des postes à responsabilités ? Au moins, ils connaîtraient leur sujet ! Mes tentatives en ce domaine me laissent un goût amer. Lors de la sortie de *Bonjour, jeune beauté !*, j'avais le sentiment qu'au-delà du livre, un virage s'opérait dans ma vie et que j'allais pouvoir enfin mettre mes compétences professionnelles au service d'une cause qui me touche à titre personnel. Je suis reçue à l'Élysée par le conseiller à la Santé du président, un professeur de neurologie qui a été touché par notre livre. Nous partageons quelques idées pendant près d'une heure. Afin de poursuivre une mission dans ce domaine, il me met en lien avec la conseillère technique Santé et Handicap du Premier ministre. Elle me reçoit fin juillet. Elle aussi a lu le livre mais semble avoir peu de temps à me consacrer. J'ai devant moi une femme d'à peine 40 ans, très technique et pointue dans son domaine mais qui me paraît si loin de ma réalité. Brillante énarque, elle n'a cessé d'exercer davantage de responsabilités, jusqu'à ce poste à Matignon. Je la trouve froide, son bureau l'est aussi, dans des tonalités de bleu vieilli. Elle m'oriente vers une autre personne au ministère de la Santé, en charge du handicap au niveau interministériel. Il est vrai que cette question touche tellement de domaines, la santé bien sûr, mais aussi l'éducation, le travail, les transports...

Cette troisième rencontre a lieu fin août. Cette fois, mon interlocutrice n'a lu qu'une partie du livre mais me semble intéressée, sincère, avec une réelle expérience du terrain dans des établissements médico-sociaux. Ma double casquette de professionnelle de santé et de parent distancié, comme le prouve notre livre, serait clairement utile dans bon nombre de commissions, elle en est convaincue. Elle me promet de me dire sans tarder quelle commission je pourrais intégrer. Une bonne façon de commencer.

Mi-octobre, je n'ai toujours aucune nouvelle à la suite de ces trois entretiens. Peut-être aurais-je dû les relancer ?

Mi-novembre, je tombe par hasard sur une annonce de médecin expert à la CNSA[1], responsable des relations

1. Elle a trois missions principales : financer des aides en faveur des personnes handicapées et âgées, garantir l'égalité de traitement sur tout le territoire et pour l'ensemble des handicaps, et assurer une mission d'expertise.

entre les associations et les MDPH. J'envoie ma candidature et reçois un message automatique expliquant que l'absence de réponse dans les deux mois doit être considérée comme un refus. Rien ne viendra ensuite. Il me manquait très certainement une expérience technico-administrative et il est vrai que je connais mieux les dysfonctionnements de la MDPH que son fonctionnement. Peut-être les recruteurs ont-ils aussi écarté rapidement une candidature de « parent qui viendrait régler ses comptes ». Il faudra que je regarde le profil de la personne choisie.

Je me souviens avoir « bousculé » plus d'un collègue lorsque j'ai engagé une maman endeuillée au sein d'une structure de coordination en soins palliatifs pédiatriques. Quand je vois son travail aujourd'hui, je sais combien son double regard est d'une richesse inouïe. Si je l'avais simplement « invitée » à des commissions – notre spécialité nationale –, notre structure n'aurait pas autant avancé.

Je reviens à mes dossiers. Si le premier est donc inadapté, je dois me pencher au plus vite sur le second. D'autant que le projet d'établissement correspond tout à fait à Julie. Je relis les critères d'admission :

> 18 ans minimum, De sexe féminin – masculin ; Déficience principale : déficience intellectuelle de l'ordre du retard mental moyen à lourd ; Bénéficiant d'une orientation « FAM » délivrée par la MDPH ; Bénéficiaire de l'Aide sociale. Tous les résidents doivent être sous tutelle ou curatelle.

On a tout ! Un peu plus loin, il est noté que la marche doit être possible. Elle marche ! Que le résident ne doit pas pouvoir travailler même en milieu protégé. Elle ne peut pas ! L'établissement dispose d'un médecin généraliste, d'un psychiatre, de psychomotriciens, de kinésithérapeutes. Il a un partenariat avec des orthophonistes. Tout ce dont Julie a besoin.

Le projet associatif est clair, le projet d'établissement semble centré sur les besoins de la personne.

> L'association n'en oublie pas moins que la personne en situation de handicap, quel que soit son âge, est avant tout :
> – une personne à part entière avant d'être une personne en situation de « handicap » ;
> – un citoyen ;
> – une personne qui doit se voir offrir tous les moyens nécessaires à son projet de vie individualisé.

Un chapitre concerne même la prévention de la maltraitance.

L'espoir renaît.

20 mars 2014

Statut final : pestiférés !

Hier soir, Tristan chantait, comme tous les mercredis. C'est le moyen qu'il a trouvé depuis deux ans pour reprendre un peu d'air, évacuer aussi des mots trop lourds, je l'imagine. Une amie, collègue de longue date, est venue dîner. Julie aime quand Sylvie est là. C'est pour elle une sorte de « tata » qui s'est un peu éloignée depuis dix-huit mois, pour une belle histoire d'amour. Julie me demande souvent quand je rentre du travail : « Ils vont bien tes collègues ? Et Sylvie, elle va bien ? » Sylvie est l'une des rares amies à avoir gardé Julie, il y a quelques années, pour nous permettre de partir en week-end.

Nous passons une très bonne soirée. Mon aînée réclame son câlin et son histoire. Elle s'endort en trente minutes alors que nous passons parfois deux heures côte à côte à parler avant le passage du « marchand de sable ». Julie s'exprime de mieux en mieux, raconte de plus en plus. Elle construit ses phrases avec de nouveaux adjectifs de coordination et use du « par contre » régulièrement depuis quelques semaines. Elle aime les expressions et les emploie à bon escient. J'ai souvent droit à : « T'es bête comme un âne, maman » ou « T'as une mémoire de poisson rouge ». Elle adore quand son père est absent et déclare : « Quand le chat n'est pas là, les souris dansent... on va chez Mac Do, maman ? »

Ces deux heures du soir me sont moins pénibles que celles du matin où son humeur est toujours moins bonne, plus négative. Elle est souvent angoissée par la journée à venir : « Anita ne vient pas, tu travailles pas aujourd'hui. Je veux pas aller à la ludothèque... » Et puis il faut aller vite, après une nuit souvent courte ou hachée. Lui donner ses médicaments, le petit déjeuner, la laver, frotter ses dents pour essayer de limiter les problèmes dentaires et la confrontation à des soins difficiles, choisir des vêtements... qu'il faut souvent reposer. Il y a ceux qui sont tachés et nécessitent un deuxième tour en machine, ceux qu'elle déchire parfois en les enfilant à l'envers, car c'est en essayant de s'habiller seule qu'elle progresse.

Rien à voir avec le plaisir d'une mère à préparer un bébé. Et puis, personne ne s'occupe du même poupon pendant 22 ans et plus.

L'auxiliaire de vie arrive dans quelques minutes. Julie est presque habillée, il ne reste qu'une jambe à mettre au pantalon et les chaussettes servent de chiffon pour l'écran de sa tablette.

C'est à ce moment-là que j'aperçois une enveloppe du foyer M. La veille au soir, je n'avais pas ouvert le courrier comme je le fais d'habitude. Je ne me précipite pas, anticipant une réponse négative. Pourquoi, lorsque je déchire le papier de l'enveloppe, mon optimisme irréductible prend-il encore le dessus ? « Mais non, tu vas voir, ils vont nous proposer un rendez-vous. » Je déplie la feuille, espérant voir apparaître au centre de la page, une date, un horaire. J'y lis :

> La commission d'admission qui s'est réunie ce jour n'a pas retenu la candidature de votre fille car notre établissement ne peut répondre à une prise en charge adaptée la concernant.

Je montre sans un mot le courrier à Tristan. Je m'assois au bureau et pleure. Je ne veux pas que les enfants me voient, je ne veux pas qu'ils soient encore déçus eux aussi. Comment leur expliquer la gestion de notre dossier qualifié de prioritaire par la cellule de crise ! Tristan m'embrasse et me dit à ce soir. Il ne peut plus me voir ainsi. Il sait que rester risque de le faire craquer lui aussi.

J'accueille l'auxiliaire de vie. Elle voit mes yeux et me dit : « Eh, on se reprend. »

Je lâche discrètement un : « Je vous expliquerai. » Je ne veux pas parler devant Julie. Je ne veux pas lui dire qu'une fois de plus on ne veut pas d'elle. On sait combien une personne en recherche d'emploi s'effondre à chaque réponse négative. On la plaint. On imagine même qu'après trente ou quarante refus, elle puisse avoir envie de se jeter sur des rails, provoquant la colère de ceux qui travaillent ! L'égocentrisme reprend toujours le dessus : d'accord pour plaindre ce pauvre chômeur, mais qu'il ne me gêne pas dans mon quotidien !

Julie a les moyens de comprendre les refus que nous recevons. Elle n'a heureusement peut-être pas les moyens de penser à cette issue extrême. À l'âge de 19 ans, elle avait fait trois stages dans des foyers de vie, qui avaient abouti à un refus de prise en charge. C'est pour cette raison que son orientation avait été modifiée vers un foyer d'accueil médicalisé, structure prenant en charge des personnes moins autonomes, dont les besoins médicaux sont plus importants.

Et si en apprenant cette énième réponse négative, elle me demandait pourquoi. Nous avons déjà eu droit à tellement de raisons : pas assez épileptique, malentendante (alors qu'elle ne porte pas d'appareil), pas assez malentendante, trop de capacités de déplacement, présence de troubles du comportement... alors même qu'ils sont bien stabilisés aujourd'hui et que la neurologie française les interprète comme un mode général de communication. Bref, Julie, non seulement tu as un handicap mais en plus, nous l'avons « raté » et n'avons pas réussi à le faire rentrer dans le moule des établissements. Tu n'es pas une gentille handicapée normale, ma Julie, tu déranges trop. C'est bien cela que veut dire le courrier : « Notre établissement ne peut répondre à une prise en charge adaptée... » Pourtant les moyens déployés et le « chaque personne en situation de handicap doit se voir offrir tous les moyens nécessaires à son projet de vie individualisé » du projet d'établissement étaient de bon augure.

J'avais adressé à cette structure une synthèse du FAM des Piérides où Julie passe quelques jours par mois en accueil temporaire. Elle s'y plaît, progresse. Malheureusement, il n'y a pas de place et les personnes originaires du Nord sont prioritaires. Je relie les dernières lignes de ce bilan :

> Mlle Auber s'est très vite adaptée au FAM, repère rapidement les professionnels et les résidents qui l'entourent. Mlle Auber est curieuse, nous interroge sur les activités,

les lieux. Mlle Auber apprécie le contact humain et entre vite dans la relation. Elle nous parle de sa vie en dehors du FAM, de ce qu'elle aime, n'aime pas, ses envies... Mlle Auber exprime clairement ses choix.
Au regard des séjours réalisés par Mlle Auber, l'ensemble des professionnels valide la cohérence de l'orientation MDPH en FAM.

Le foyer M a-t-il contacté cet établissement ? Peu probable. Sur le dossier, le refus est acté. Pas de rencontre avec Julie, pas de visite, pas de période d'essai...

Nous avons osé dire non à un établissement français mettant en danger notre fille. Nous sommes donc potentiellement des parents à problèmes et notre Julie, un cas indésirable. Pourtant elle va bien depuis que son épilepsie est équilibrée et que la bienveillance l'entoure. Quand je le dis, j'ai le sentiment de ne pas être crue et quand des professionnels l'écrivent, cela n'intéresse personne. La colère me submerge et je pense parfois à des actes extrêmes. Prendre en otage une de nos autorités et lui dicter dix mesures urgentes, me menotter dans le hall de l'ARS ou y camper avec Julie après avoir informé la presse, installer entre les deux tours du Trône, place de la Nation, une bannière : « Je ne serai pas une exilée de plus. Julie »...

Hadrien me regarde et, à l'annonce de tous ces plans d'action, déclare : « Maman, si tu pouvais éviter de te faire passer pour délirante, ça nous arrangerait. »

Il a probablement raison.

23 mars 2014
De : jeanne.tristan.auber@gmail.com
À : ZZ@ars.sante.fr

Madame,
Voici la réponse pour l'unique dossier déposé avec votre soutien.
Certains passages à l'acte de parents désespérés qui font l'actualité prennent tout leur sens à l'ouverture de certains courriers dans notre maison.
Bonne journée à vous.

Mme Auber

En écrivant ces mots, j'ai à l'esprit un récent procès... Un père à bout de nerfs, en raison de la dépression de sa femme liée au handicap majeur de leur fille, a tué son enfant de 6 ans. Aucun avenir ne lui semblait possible, aucune solution de prise en charge adaptée ne leur était proposée. À l'issue du procès, le père remercie le juge de sa condamnation – certes avec sursis –, reconnaissance implicite de l'humanité de sa fille.

23 mars 2014

Fleur et Christophe

Il y a bien longtemps que nous nous étions promis de trouver le temps d'un café. Un an probablement, quand elle m'avait appelée après la lecture de BJB[1], émue par les ressemblances de nos histoires. Son fils Christophe est âgé de 26 ans. Son frère aîné de 28 ans est parti travailler en province et sa sœur a quitté le domicile parental à 17 ans, le bac en poche, afin de suivre au calme sa classe préparatoire. Elle a pris un studio et rentre rarement dormir le week-end.

J'arrive avec un peu de retard. Nous nous installons dans la cuisine, conçue pour qu'un fauteuil puisse y tourner sans problème. Fleur prépare la soupe de Christophe. Une casserole transparente laisse

1. *BJB*: abréviation du livre de l'auteure *Bonjour, jeune beauté !*, *op. cit.*

voir un panaché de légumes agités par un discret bouillonnement.

À la naissance de Christophe, Fleur a tout de suite senti que cela n'allait pas. C'était son deuxième enfant et son instinct de mère lui imposait de demander de l'aide. Les médecins finiront par lui parler de dépression postnatale. Sinon, « Comment une mère peut-elle penser que son fils est handicapé ? »

Pourtant, alors que Christophe a 7 mois, le diagnostic d'un professeur renommé de neurologie, sera sans appel : « Vous voyez pas qu'il est fichu votre enfant et qu'il faut vous en séparer. »

Fleur répète ces mots sans hésiter, une sentence à jamais inscrite dans son cœur. Un bilan est réalisé et confirme le diagnostic de microgyrie, anomalie de développement du cerveau pendant la grossesse dont la cause peut être infectieuse.

Christophe intègre une crèche où il est pris en charge par plusieurs professionnels : orthophoniste, kinésithérapeute, psychomotricien.

Fleur parvient à reprendre et terminer ses études de médecine générale. À 3 ans, Christophe est accueilli en hôpital de jour dans un établissement de l'Est parisien qui accueille de jeunes polyhandicapés. Il y restera quatre ans mais une grave épilepsie s'ajoute bientôt au handicap moteur et mental. Il est alors orienté vers un établissement spécialisé dans le polyhandicap. Fleur attend son troisième enfant, pour lequel elle va être alitée six mois. Après cette naissance, elle ne retravaillera plus.

Elle prendra d'abord un congé parental pour rester disponible lors des multiples interventions chirurgicales que doit subir Christophe pour conserver la position assise due à l'aggravation des rétractions musculo-tendineuses.

La vie s'organise autour de lui. La famille aménage dans une ville bourgeoise du Val-de-Marne. Cet ensemble pavillonnaire en construction leur laisse la possibilité de tout prévoir aux normes handicap[2] : aucune marche à l'entrée du bâtiment, de larges ouvertures de portes, une chambre au rez-de-chaussée, un lève-malade près du lit pour accéder à la douche prévue à cet effet. Le père de Christophe bricole les autres adaptations nécessaires. Ils ont acheté, il y a plusieurs années, un véhicule adapté.

2. Loi relative à l'accessibilité du cadre bâti aux personnes handicapées, de février 2005.

Christophe se trouvait à l'externat de la MAS où Julie est accueillie ponctuellement. Au-delà de son polyhandicap et de sa faible mobilité, il présente un visage doux et expressif. Il m'est parfois arrivé de ne pas le saluer car il se cachait dans un des recoins de la grande pièce de l'externat. Étonnamment, quelques instants après, une force m'obligeait à tourner la tête vers lui pour lui dire bonjour.

Julie m'a confié un jour : « il parle pas Christophe, mais je l'aime bien ». Lorsque je lui ai demandé s'il envoyait des messages silencieux, Julie a simplement répondu « ben, oui ». D'autres résidents sont présents le matin, eux aussi cachés par terre, ou derrière le canapé. Je ne ressens cela qu'avec un autre polyhandicapé, Federico. Peut-être sommes-nous branchés sur le même canal !

J'ai découvert grâce à Julie qui dispose de la parole ces relations qu'on peut avoir avec des personnes non « verbalisantes » et peu mobiles. Elle me parle si souvent d'eux. J'ai appris à voir l'esquisse d'un sourire sur leur visage quand je les salue, à comprendre qu'une petite agitation sur le fauteuil exprime une demande d'attention. Tous ces éléments bien connus des parents et des personnels et que les bien-portants-bien-pensants ont tant de mal à imaginer.

Fleur a participé à la création d'un établissement pour adolescents relevant de l'annexe dite 24 Ter[3]. Elle s'est battue pendant trois ans pour que les adolescents polyhandicapés de son département disposent d'une telle structure. L'attention et les soins apportés leur permettent d'atteindre de plus en plus souvent l'âge adulte nécessitant l'ouverture d'établissements adaptés. « Eh oui, ils vivent au-delà des pronostics de la médecine. » L'établissement a ouvert ses portes en 2003 et Christophe y est resté en externat jusqu'à ses 20 ans. Il a ensuite intégré la MAS, située à environ 300 mètres de leur domicile. Fleur assurait au début les transferts avec son véhicule aménagé. Puis elle s'est épuisée.

En septembre 2011, Fleur remet à la direction une demande d'internat. Le portage devient de plus en difficile, la toilette doit être renouvelée plusieurs fois, les temps de repas nécessitent une disponibilité complète de vingt minutes trois fois par jour pour éviter les fausses routes. Christophe ne mange que des soupes mixées.

La MAS a proposé initialement un accueil séquentiel, avec pour projet un internat à temps complet. L'année

3. Annexe 24 ter : circulaire du 29/10/1989 qui définit le polyhandicap : « handicap grave à expression multiple avec déficience mentale sévère ou profonde, entraînant une restriction extrême de l'autonomie et des possibilités de perception, d'expression et de la relation ».

2012 est passée. Une valse des directeurs a perturbé le fonctionnement de l'établissement. Le projet de Christophe semble avoir disparu entre les tangos des uns et des autres.

En 2013, il dépassera même les 90 jours d'accueil temporaire autorisés par an selon les textes. Devant l'absence de réponse de la direction, Fleur se résout à adresser des dossiers à d'autres MAS d'Île-de-France. Cette même année, Christophe est hospitalisé à deux reprises pour des épisodes infectieux graves. Sa mère sait qu'il peut mourir et aborde ouvertement les soins palliatifs. Elle se rend compte qu'elle choque le personnel qui n'est peut-être pas suffisamment formé. Quand on lui parle de la Belgique, elle entre dans une rage folle. Elle ne laissera pas son fils mourir à 200 km alors qu'un établissement proche lui a laissé espérer une place pendant plus de deux ans.

Christophe sera accueilli début avril dans un établissement à Paris. Fleur ne semble cependant pas heureuse, elle paraît même triste. Elle redoute la période d'essai de quatre semaines, pendant lesquelles son fils sera en externat et devra effectuer une heure de trajet matin et soir. Elle sait que Christophe va s'épuiser dans de tels trajets, lui si fragile. Un nouvel internat séquentiel se mettra ensuite en place pour quelques semaines, mois ou années, pense-t-elle. Il reste trop d'incertitudes et elle n'arrive plus à imaginer d'issue favorable, elle ne peut plus faire confiance.

Peut-être ne voudra-t-on plus de « son Christophe » après les premières périodes d'essai. Peut-être ne sera-t-elle pas entendue encore une fois, elle qui se bat depuis la naissance de son fils et qui a le sentiment d'avoir donné sans recevoir du secteur médico-social. Sans oser le dire, elle craint que Christophe ne meure loin d'elle. Elle n'ignore rien du risque de la décompensation brutale, au cours d'un épisode infectieux par exemple.

Elle sait aussi que sa fatigue lui donne une vision négative et brouille ses relations aux autres depuis des mois. Elle reconnaît ne pas supporter les futilités du monde qui l'entoure. Elle voudrait juste que son fils existe, un peu. Je lui demande si elle accepterait que j'utilise le terme de « mère sacrifiée » pour qualifier son parcours. Sa réponse est spontanée et virulente.

> Si je devais choisir un terme, ce serait abandonnée. Le handicap de mon fils est trop lourd pour la société et on m'a laissée gérer un maximum de choses. Oui, c'est abandonnée qu'il faut garder.

25 mars 2014

Une interview

Il y a une dizaine de jours, l'attachée de presse de l'Unapei m'appelle. TF1 prépare un dossier pour le journal télévisé de 20 heures sur les établissements belges à la suite des émissions diffusées sur M6 et France 5. Un premier rendez-vous est repoussé car la journaliste souhaite pouvoir interviewer également un membre de l'Agence régionale de santé ou du ministère.

L'équipe souhaite filmer la compilation des refus que nous avons essuyés. Je feuillette devant la caméra. Nous avons ressorti les courriers, accumulés depuis dix-huit mois. Le dossier transmis en novembre à la cellule des cas critiques – nous en sommes – s'est épaissi de quelques feuilles. Dans le bureau à l'étage, j'en ai archivé d'autres, transmis par mails ou courrier et dans ma mémoire, tellement d'autres encore, formulés au téléphone ceux-là.

... au regard du projet d'Établissement, le FAM n'est pas en adéquation avec les besoins de prise en charge de Mlle Julie Auber...

... toutes les places de notre établissement sont actuellement occupées et nous avons déjà plusieurs demandes en instance...

... malheureusement nous ne disposons pas de places disponibles... et nous gérons une liste d'attente importante concernant des personnes de notre département...

... je vous informe après confirmation de la directrice, que votre fille Julie ne correspond pas au public que nous accueillons...

... malheureusement l'établissement est dédié aux personnes atteintes d'autisme...

Notre FAM accueille des adultes atteints de troubles autistiques graves (autisme de Kanner). Il est important que votre fille soit admise dans un groupe présentant les mêmes type et niveau de handicap... Notre établissement est complet.

... à l'issue de la visite de préadmission, il s'avère que l'état de votre fille n'est pas compatible avec le mode de prise en charge correspondant à l'établissement...

... il ne me semble pas que Julie puisse correspondre au profil des personnes que nous accueillons...

... par conséquent, la prise en charge proposée par notre Fam ne saurait répondre aux besoins de Julie...

Le reportage est éprouvant. Il me confronte de manière aiguë à notre situation mais je ne veux surtout pas susciter la pitié. Mon but est inverse : faire percevoir la réalité, déclencher la responsabilité collective.

Pourtant, lorsque la journaliste me demande si je suis épuisée, je ne peux retenir mes larmes. Avec pudeur, le cameraman arrête de filmer. L'émotion est partagée avec l'équipe. Tristan, caché dans le couloir, s'approche pour me soutenir.

1er avril 2014

Second plan

La diffusion du reportage prévue ce soir est reportée, interview du nouveau Premier ministre oblige. L'espoir d'une proposition de place après cette médiatisation s'éloigne. Aucune date n'est fixée, mais il passera.

De : ZZ@ars.sante.fr
Vendredi 11 avril, 18 h 47
À : jeanne.tristan.auber@gmail.com
Cc
Sujet : TR : Dossier préadmission

Bonsoir,
Je continue à chercher une place pour votre fille ; j'ai regardé du côté des structures acceptant les personnes avec épilepsie (raison pour laquelle Julie n'a pu intégrer la structure précédente) ; l'E est une structure adaptée, mais où actuellement il n'est possible de demander une place qu'en hébergement temporaire (trois mois maximum).
Je vous transmets le dossier de préadmission et, sauf demande de votre part, je continue mes recherches (y compris hors Île-de-France).

Dr ZZ

De : famille Auber
12 avril
À : ZZ@ars.sante.fr

Madame,
En réponse à votre courrier :

1. Concernant l'établissement du T, le refus pour épilepsie est assez surprenant et pourrait s'apparenter à de la mauvaise foi :
– En effet l'épilepsie touche environs 20 % des personnes avec handicap mental (10 à 35 % selon la littérature). Un établissement ne peut méconnaître cette prise en charge.
– L'épilepsie de Julie est partielle et actuellement bien contrôlée comme indiqué dans le dernier compte rendu du Dr A que nous leur avons adressé.
– Nous leur avons adressé un rapport du FAM où Julie est accueillie en accueil temporaire dans le Nord depuis mon arrêt de travail d'un mois et demi en novembre et décembre. Dans ce rapport, il est noté que Julie va bien et que son orientation FAM est tout à fait adaptée.

L'établissement du T n'a pris aucun contact avec ce foyer...

– Julie a été « jugée » sur dossier sans même que soit proposée une rencontre, ce qui dénote d'un « a priori négatif » pour cette demande.

– La structure dispose, d'un point de vue médical et paramédical, de tout ce dont Julie a besoin : médecin généraliste, psychiatre, infirmières, psychomotriciennes, partenariat pour l'orthophonie.

– Je m'étonne, dans le contexte où nous sommes, que l'ARS ne puisse au moins demander une période de stage de trois mois.

– Dans les situations de handicap complexes, l'ARS peut proposer un soutien humain avec un poste supplémentaire d'éducateur pour l'établissement pendant une période déterminée. Qu'en est-il d'une telle proposition à cet établissement ?

2. Concernant l'établissement de l'E

– Nous avons déposé un dossier en octobre 2012 et avons été reçu en décembre 2012 alors que l'établissement disposait encore de nombreuses places puisqu'il était en phase d'ouverture. Le directeur, M. K, nous a parlé d'une période d'essai en mars 2013, puis avril, puis mai... pour finalement demander une évaluation psychiatrique, sur les conseils du directeur de l'établissement X qui a mis Julie à la porte un samedi d'octobre 2012 à 21 heures par mail ! Nous l'avions informé de la situation avec cet établissement et lui avions donné le numéro de la chef du service éducatif qui avait une autre vision de Julie. Je vous rappelle qu'une procédure judiciaire est en cours contre l'établissement qui l'a « virée ».

– M. K ne nous a jamais adressé de réponse par écrit.

– L'E dispose donc d'un dossier pour lequel nous pouvons ajouter des comptes rendus plus récents. J'attends une réponse du type : l'épilepsie est trop contrôlée...

– Nous ne souhaitons pas changer d'accueil temporaire car cela se passe très bien là où Julie va actuellement, même si les allers-retours que nous assurons sont source de fatigue surajoutée.

3. Concernant les dossiers, depuis le début des recherches, quand Julie avait 18 ans et depuis dix-huit mois, j'ai dû compléter près de cinquante dossiers pour expliquer si elle tenait sa cuillère, savait se laver... bref, toutes les mêmes questions sous un format différent. En l'état je ne peux plus, et psychologiquement et en termes de temps. Je vous ai adressé un exemplaire du précédent dossier complété. Si un établissement veut vraiment accueillir Julie, il peut déjà le consulter et nous le compléterons

lors d'une rencontre sérieuse. J'ose espérer qu'au niveau national ou déjà régional, un dossier commun par types de structures (foyer, FAM, MAS...) verra le jour.

4. Notre famille craque de partout car la situation a trop d'impact dans la durée. Mon fils de 20 ans aujourd'hui va mal (gastrite, syndrome anxio-dépressif...). L'écriture de ce courrier m'est pénible et il n'est pas exclu que je doive à nouveau m'arrêter. Tant de rejets pour une Julie qui va si bien depuis qu'elle a quitté un établissement présentant des dysfonctionnements graves. Double peine en quelque sorte...
À noter que depuis l'exclusion de Julie de X, deux professionnels ont réalisé un signalement auprès de la cellule maltraitance de la CNSA. Une visite surprise a été réalisée par le conseil général en février. M. L, directeur territorial du département en cause, est parfaitement informé de la situation.

5. Concernant la localisation géographique, je parlais de départements type Oise, Aube... En effet, actuellement nous assurons les allers-retours pour Julie vers la structure du Nord, soit deux allers et deux retours chaque fois, soit deux journées « perdues » pour mon mari ou moi-même. Nous avons pu obtenir une prestation de

compensation du handicap[1] (PCH), pour le transport, qui couvre uniquement les moments où Julie est dans le véhicule (50 centimes du kilomètre avec un maximum de 200 euros par mois). Il reste à notre charge plus de 200 euros par mois. Si nous faisions le trajet deux fois par mois (un week-end sur deux), cela représenterait 4 800 euros par an et de très nombreux jours de congés utilisés qui ne seraient pas consacrés à du vrai repos ! Il faudra expliquer à nos deux autres enfants l'absence de vacances pour quelque temps...
Bien cordialement.

Mme Auber

1. Dispositif mis en place en 2005 permettant la prise en charge de certains frais liés au handicap (transports, aménagement du logement, auxiliaire de vie...).

26 avril 2014

Soirée chaussettes

Julie, un peu tendue au début du repas, m'a finalement laissé le temps de prendre un café et sans le savoir, d'assister à une scène surréaliste. Tristan, avec calme, retire la nappe et, tout en convoquant nos deux puînés, répand une montagne de chaussettes et sous-vêtements en attente de pliage. Il y ajoute le sac à « veuves » puis demande à Hadrien et Maud de chercher une solution. Tous deux trouvent la scène tellement drôle qu'ils s'exécutent sans broncher. Là, sans grande logique, Maud aborde la question de sa maternité future et le risque d'avoir un enfant « comme Julie ». Nous lui expliquons alors qu'il existe maintenant un diagnostic et qu'une recherche avant la naissance lui permettra d'interrompre cette grossesse si elle le souhaite. Et voilà notre adolescente plutôt taciturne qui nous retourne : « Mais c'est un enfant, vous voulez faire de l'eugénisme. »

Comme tous les élèves de troisième, Julie a étudié le projet Aktion T4, une campagne systématique d'assassinats par le régime nazi, à partir de janvier 1940, en vue d'éliminer les handicapés mentaux et physiques. En France, 50 000 malades et handicapés mentaux seront ainsi tués afin que des « bouches inutiles » ne soient plus nourries. Maud ne nous en a jamais parlé, mais nous a dit combien les cours d'histoire lui pesaient. Il est vrai que notre vie familiale ne nous laisse pas beaucoup de temps de partage depuis un an et demi.

Son frère, catégorique au début de la discussion sur l'impossibilité de garder une « Julie », est déstabilisé. Il insiste à présent sur la nécessité que la société laisse vraiment une place aux personnes handicapées mentales et les traite humainement.

Les dix-huit mois chaotiques que nous venons de vivre les ont profondément bouleversés. Hadrien cafouille un peu en fin de licence sur son orientation future. Sidéré quand il faut finaliser une demande, il se met presque en situation d'échec. Maud est triste. L'autre soir, lors d'un dîner de fin de stage avec les internes, elle est montée sans manger car « sa sœur prenait trop de place ». Je l'ai rejointe dans sa chambre. Elle ne ressent plus de honte, mais voudrait que Julie occupe le même espace qu'un autre en société. Elle souffre du malaise et de la maladresse des autres et j'en suis probablement responsable. Depuis la sortie de *BJB*, je veux rendre Julie visible. Par exemple, je la laisse payer avec sa carte bleue au supermarché, les clients admiratifs sont malheureusement moins nombreux que les grognons-embarrassés inquiets de perdre une minute.

Je me souviens d'un voyage professionnel en Irlande en octobre 2013. À l'aéroport de Dublin, près de l'enregistrement, un trisomique d'âge moyen arbore fièrement une tenue de l'aéroport. Cette image me réjouit. Il traverse les lieux d'un pas décidé sachant manifestement où il doit se rendre, seul. J'ai du temps avant mon vol et monte à l'étage des restaurants, à la recherche d'une prise pour recharger mon ordinateur. Je m'installe sur l'une des tables du Mac Do et commence à travailler. Quelques minutes après, un jeune trisomique, venu desservir les tables, s'adresse à un homme à quelques pas de moi. Les premiers mots sont hésitants. L'homme le remercie simplement, sans le regarder plus qu'un autre. Je suis peut-être la seule à relever la scène, si naturelle ici. L'heure de mon embarquement approche. Je passe devant un autre café. Là un trisomique d'un certain âge, probablement une cinquantaine d'années, porte un plateau. « Leurs trisomiques » seraient-ils différents des nôtres ? Je ressens une profonde tristesse, celle de retourner dans un pays où je n'assisterai pas à une telle intégration sociale avant des années.

Quelques semaines plus tard, je rencontre la mère d'une jeune femme trisomique de 19 ans qui n'a pas été embauchée au conservatoire municipal car « elle serait parfois de mauvaise humeur », selon les collègues du service. Le motif est tellement ridicule qu'il ferait sourire s'il ne provoquait pas tant de dégâts. Nous, les bien-portants-bien-pensants sommes évidemment toujours de bonne humeur au travail ! Devant mon incompréhension, une personne en charge du handicap sur la commune m'expliquera qu'il s'agit globalement d'un problème de formation. « Nous ne sommes pas prêts à les accueillir ! »

La vie a permis à mes enfants de comprendre le sens des mots humanité et différence. Elle nous a imposé à tous de nous confronter à nos limites et à nos peurs. Mais des échanges sur Internet témoignent hélas ! du chemin à faire. J'ai relevé cette étonnante publication sur Facebook, son auteur est ancien ministre, philosophe et écrivain :

> Luc Ferry 8 avril, à proximité de Vanves : Je regarde Valls à l'assemblée : qu'un Premier ministre, de droite ou de gauche, peu importe, ne puisse pas parler devant des adultes, des parlementaires, sans que ces gens vocifèrent comme des malades mentaux, c'est consternant. Comment demander à nos enfants de se conduire convenablement dans une classe si les députés se conduisent comme des abrutis devant tous les Français ? C'est indigne, dégradant, littéralement consternant. Cela me rappelle toutes les raisons pour lesquelles j'ai quitté ce monde politique dérisoire, mal élevé, dénué d'intelligence, de culture, de civilité, bref, d'humanité...

Parmi les 150 commentaires qui suivront cette publication, heureusement, ou seulement devrait-on dire, deux réactions sur cette vision « philosophique des malades mentaux ».

> Que M. Ferry considère que nos représentants aient eu un comportement indigne, soit. Mais de là à insulter les personnes atteintes de maladie mentale en les comparant à des députés, ça dépasse la mesure ! Une personne ayant une maladie mentale ne vocifère pas, Monsieur le philosophe, elle a parfois de la peine à s'exprimer. Cela fait tout de même une différence avec des députés qui, eux, renoncent sciemment à une des facultés humaines dont le destin ne les a pas privés. Décidément le déshonneur fait des ravages dans et hors de l'hémicycle.

> Quel étrange philosophe faites-vous pour mépriser et méconnaître nos enfants « malades mentaux » en les comparant à une classe politique bien médiocre dont vous faites partie ! Il faut peut-être « penser » un peu avant de publier de tels statuts. Nous attendons vos excuses.

Les réseaux sociaux provoquent sans doute des réactions trop rapides et insuffisamment pensées. Malheureusement, cette vision du « malade mental qui vocifère » me paraît le simple reflet de la pensée de la plus grande partie des Français. Et c'est un homme public qui parle, un homme dont la formation théorique est de penser !

Il est vrai qu'on peut lire dans l'histoire cette tradition de rejet et d'exclusion depuis la nuit des temps. Chez les Grecs et chez les Romains, les enfants difformes sont « exposés » sur décision des responsables de la cité. Emmenés hors de la ville, ils sont laissés au bon vouloir des dieux.

Au Moyen Âge, les personnes handicapées appartiennent à la population des indigents : voleurs, vagabonds, pauvres. Cependant, certains comme les nains, bossus, fous ont paradoxalement un statut particulier, bénéficiant d'une plus grande liberté. Ils font rire et ont donc une certaine utilité.

En 1943, le Conseil technique de l'enfance déficiente et en danger moral classe les enfants à problèmes en Enfance irrégulière, récupérable, semi-récupérable, irrécupérable ; ou en Enfance inadaptée, adaptable, semi-adaptable, inadaptable. Selon ces critères, on oriente vers la prison, la maison de correction ou l'orphelinat. Ce regroupement montre bien que le handicap n'est pas qu'une simple nosographie médicale, il est aussi une vision sociétale de la différence, de l'irrégularité – de ce qui n'est pas droit car ce n'est pas dans la règle.

Pendant des siècles donc, les personnes en situation de handicap sont mélangées dans un vaste groupe que la société ne désire pas voir. Elle les enferme, les isole, les extermine, qu'ils soient pauvres, orphelins, différents psychiquement ou physiquement. Le mot de handicap apparaît en 1970 pour remplacer les termes d'idiots, débiles ou de difformes. On comprend enfin que les personnes en situation sociale de pauvreté ou d'isolement ont des problématiques différentes. Pourtant, le législateur de la Ve République les regroupera encore dans un code commun – code de l'action sociale et familiale – aboutissant à la création du médico-social, secteur improbable entre sanitaire et social.

Je viens de refermer le dernier livre de Charles Gardou, *La Société inclusive, parlons-en*[1]. Parmi les nombreux philosophes qu'il cite, je retiens la pensée de Michel Foucault, qui dit que les sociétés se caractérisant par « la manière qu'elles ont de se débarrasser, non pas de leurs morts, mais de leurs vivants », on peut recenser dans l'histoire des sociétés à bannissement, à rachat ou à réparation, des sociétés massacrantes, purifiantes, ou enfermantes... Je me souviens aussi de la phrase du général de Gaulle se recueillant sur la tombe de sa fille trisomique et prenant la main de son épouse : « Vous voyez Yvonne, maintenant elle est comme tout le monde. »

Qu'en est-il de notre société française actuelle ? N'a-t-elle pas choisi le modèle du bannissement, société « exilante » chassant hors des frontières ceux qu'elle ne serait pas capable de prendre en charge ?

1. Éditions Érès, 2013.

28 avril 2014

Une star est née !

C'est fait, notre témoignage a été diffusé au journal télévisé de 20 heures. La journaliste s'était engagée à me prévenir et a tenu ses promesses même si plus de trois semaines se sont écoulées depuis le tournage. L'équipe télévision était restée plus d'une heure à la maison. Il ne reste qu'une minute dans le reportage final. Mon interview a été insérée après quelques témoignages d'exilés.

Ce soir, Julie est folle de joie. Elle avait eu du mal à comprendre pourquoi la diffusion avait été différée. J'avais beau lui dire que le nouveau Premier ministre était plus important, elle était fâchée. Elle avait fait un effort important devant la caméra, jouant avec son iPad et notre jeune chien.

Devant la télévision, Julie sourit à présent. Elle est fière et nous dit : « je suis une star ». J'aime la voir heureuse. Ce reportage ne résoudra probablement pas notre problème mais il est au moins bénéfique pour son narcissisme. Elle en a tant besoin. Lorsqu'elle joue sur sa tablette, je l'entends parfois dire : « Je suis pas nulle, j'ai réussi. » Les activités sur ce type d'outil sont conçues pour valoriser et encourager le joueur à continuer même s'il se trompe. Le contraire d'une note sur une copie. La semaine dernière, au supermarché dans le rayon des protections, elle s'est mise à sauter de joie en déclarant : « J'ai réussi maman, je n'ai plus besoin de change la nuit, j'ai réussi. » Ce n'est pas sa première tentative, mais celle-ci sera peut-être la bonne.

Un peu plus tard, Tristan télécharge le reportage sur l'ordinateur. Elle est radieuse, sa prestation pourra être visionnée à plusieurs reprises !

Le reportage se conclut par l'interview du directeur de l'ARS Île-de-France. Ces mots font disparaître tout espoir. Il constate les faits, l'absence de places et de moyens, mais ne formule aucune proposition. Pire, sous ses propos entendus, je ressens une forme de désintérêt !

30 avril 2014

Un changement ?

Lors de la sortie de *BJB* – je radote un peu je l'avoue – nous avons reçu des témoignages de nombreux lecteurs pour lesquels notre livre a été une véritable plongée en terre inconnue. Quelle satisfaction à chacun de ces messages ! Si nous avions fait naître chez certains une réflexion sur la place des personnes handicapées dans notre société, nous avions réussi notre pari.

> Votre témoignage nous impose un respect total, une admiration sans faille, mais aussi une remise en cause, à titre professionnel ou personnel, de notre vision individuelle et collective d'une réalité qui est trop souvent ignorée ou niée. Ce livre, je l'espère, permettra d'avancer sur le chemin d'une vraie prise de conscience de tous et de chacun.
> Quand on parle de handicap, on parle souvent d'accessibilité, et c'est encore nécessaire. Mais on oublie discrètement de parler de la façon de regarder le handicap, et surtout les

> personnes handicapées. Votre livre met en avant cette évidence tellement importante : une personne handicapée est avant tout une personne, douée d'une raison, et capable de sentiments et d'émotions. Il nous appartient de les comprendre, et non de les cacher.

Le handicap peut toucher chacun d'entre nous un matin, à la naissance d'un enfant ou petit enfant, au réveil d'un coma prolongé après un accident de ski ou de moto. La vie nous expose à ce risque, aucune autre solution ne nous est donc offerte que de changer notre regard et d'apprendre à vivre avec lui.

Comment ne pas citer encore Charles Gardou[1] : « il n'y a pas de vie minuscule », et en écho le dernier rapport de M. Chossy[2] auquel il a participé :

> Nous devons passer de la prise en charge à l'ère de la prise en compte, passer de l'assistanat à l'accompagnement. C'est une démarche essentielle pour mettre la personne handicapée en résonance avec les personnes qui l'entourent.

Plus loin, il ajoute :

1. *La Société inclusive...*, *op. cit.*
2. Passer de la prise en charge... à la prise en compte. J. F. Chossy. Membre honoraire du parlement. Rapport Remis à M. Fillon premier ministre, novembre 2011.

> On passe difficilement de l'assistance complaisante à la solidarité nationale, de la compassion à la considération.

Quelques pages sont consacrées aux mots qui blessent :

> « La dérision est une plaie qui touche le cœur et ne se referme pas. »

Il faudra que je pense à adresser cela au philosophe de mon cœur !

Le député de la Loire concluait en 2003 le chapitre concernant les exilés français par ces mots :

> Un tel constat ferait le régal de certains polémistes, mais pour quel bénéfice ? Notre système d'accompagnement n'est pas en mesure de prendre la suite de ces structures belges dans les délais acceptables... mais il paraît indispensable de s'attacher à résoudre cette indignité qui ternit l'image de notre solidarité nationale.

Hélas ! aucun polémiste ne s'est saisi du sujet au point d'entraîner l'électrochoc dont de nombreuses familles rêvent. Les rapports s'accumulent, les reportages centrés sur la maltraitance de certains établissements belges s'enchaînent, les témoignages de familles épuisées se répètent et le nombre d'exilés mentaux continue à augmenter.

Au fil des pages de ce journal, je me rends compte que le scandale n'est pas en Belgique mais bien sûr notre territoire. Plus de 100 000 personnes sans-solutions, ou avec des solutions inadaptées à leurs besoins, sont invisibles, fantômes qui hantent le domicile de leurs parents jusqu'à l'épuisement ou la mort de ceux-ci.

Je n'en veux à personne, ni à Mme Carlotti, ni à M. Ferry, ni au Dr ZZ. J'étais comme eux avant de rencontrer Julie. J'ignorais la situation des personnes handicapées mentales ou faisais mine de ne pas voir. Mais je ne savais pas que la France reversait une partie de mes impôts et cotisations sociales à un État voisin, tolérant une prise en charge parfois douteuse et créant de l'emploi outre-frontière, surtout, trouvant manière là à s'exonérer de ses responsabilités.

Pire peut-être, je me suis sentie douloureusement coupable vis-à-vis des enfants et adultes belges sans-solutions car je ne pouvais imaginer que Julie priverait d'espoir une de ces familles. Et pourtant, à en croire la ministre de la Santé wallonne, Mme Éliane Tillieux, le départ de nos compatriotes engendrerait la fermeture des établissements. Il ne libérerait donc aucune place pour les personnes handicapées belge :

> Les Français qui viennent chez nous sont financés directement par le système français et donc si demain ces personnes retournaient en France, il n'y aurait plus de subventions françaises. Chez nous il y a près de 3 000 emplois subventionnés grâce à l'accueil des résidents français dans nos institutions.

Si ces personnes étaient accueillies en France, ce serait donc au moins 3 000 emplois qui seraient créés. Une extrapolation minimaliste, pour les 100 000 personnes actuellement sans-solutions en France, peut laisser espérer près de 50 000 emplois directs si une décision politique nous amenait à nous en occuper. À ceux-ci s'ajouteraient les emplois indirects dans la construction ou la rénovation si nécessaire des structures. Et autant de consommateurs potentiels pour soutenir notre économie. En comptant les vêtements, produits d'hygiène et alimentation, il s'agit de plus de 6 millions d'euros pour les 3 000 adultes exilés.

Pour les « sans-solutions », des économies notables en termes de PCH[3] versées aux familles limiteraient le montant réel des dépenses nécessaires à la création de places.

3. Prestation de compensation du handicap : mise en place dans la loi de 2005, elle est versée par les conseils généraux aux familles pour employer du personnel, aménager le logement, un véhicule...

À moyen terme, les personnes handicapées ne pourraient-elles donc pas être « rentables » pour notre économie, censée être de plus en plus tournée vers les services à la personne ?

Et d'un point de vue écologique, ne faut-il pas prendre en compte l'indice carbone induit par les transports, déplacements inutiles si des solutions locales existaient ?

Si les économistes et les « protecteurs de la planète » s'y retrouvent, alors peut-être les humanistes qui depuis trente ans interpellent les pouvoirs publics auront-ils enfin réussi à faire sortir nos enfants de l'invisibilité ? J'imagine même que Bruxelles, qui pointe du doigt les insuffisances de la France et de la Belgique en matière d'autisme ou de handicaps complexes, ne peut que soutenir un tel projet.

4 mai 2014

Aucune place à prendre

Je voulais en avoir le cœur net. Certes, j'avais entendu dire que les Français ne prenaient pas la place de personnes handicapées belges, mais qu'en pensent les associations des familles là-bas ? J'ai pris le téléphone pour joindre Mme Thérèse Kempeneers, Secrétaire générale de AFrAHM[1], une des associations ayant participé à la réclamation collective auprès du Comité européen des droits sociaux pour violation de la Charte européenne... J'avais besoin d'entendre le point de vue des parents.

Ses premiers mots pointent la responsabilité de la France et son insuffisance de places et de structures adaptées. Elle a même en mémoire l'appel d'une maman

1. Association Francophone d'Aide aux Handicapés Mentaux (Association sans but lucratif).

de Marseille désespérée et qui souhaitait que son enfant soit accueilli à plus de 1 000 km de chez elle pour qu'il ait accès à des méthodes adaptées à l'autisme. Dans sa voix, j'entends alors une émotion au-delà de l'incompréhension. Mme Kempeneers confirme cependant les implications économiques liées à l'accueil des Français et les 3 000 emplois directs. Pour elle, ces places ne pourraient être proposées aux Belges en raison du type de financement alloué par l'AWIPH.

Elle aborde alors la réclamation collective auprès du Comité européen des droits sociaux. L'État belge est condamné notamment pour ne pas offrir une diversité d'accueil et de prise en charge. À Bruxelles, il n'y avait pas d'établissements pour autistes jusque l'année dernière. L'État ne peut justifier de telles insuffisances par des questions de budget.

Mme Kempeneers insiste sur, non pas un besoin en places supplémentaires, mais une nécessaire diversification des solutions. Elle reconnaît implicitement que le chiffre de 75 000 places manquantes est excessif mais qu'il est dû à l'absence de données statistiques fiables permettant d'évaluer les besoins.

Après avoir raccroché, je reste sceptique. Il y a un manque de places en Belgique, l'État ne peut avancer d'argument budgétaire contre leur financement. Si l'AWIPH agréait des établissements, ne permettrait-elle pas l'accueil des personnes belges ainsi que le maintien des emplois ?

Julie me rejoint dans la pièce.

« Hadrien il est allé chercher Maud à la gym. C'est bien, hein ? Il conduit mon frère. »

Elle connaît par cœur le planning de chacun, activités sportives ou culturelles, jours et heures. Elle pose sa main sur mon bras et sans me regarder, dit :

« Et moi, maman, quand je peux faire mon permis de conduire ? »

Ce n'est pas la première fois que Julie me pose cette question. Elle avait même trouvé un jeu IPad pour apprendre le code de la route !

Je n'ai pas envie de lui répondre qu'elle ne passera jamais son permis.

N'avons-nous pas chacun imaginer des actes qui n'étaient pas raisonnables ? J'ai longtemps pensé que je courrais un jour un marathon, traverserais la Chine à cheval ou escaladerais le Mont Blanc. Personne n'a été là pour me dire que je pouvais pas et ne pourrais probablement jamais.

Je repense aux paroles de Sophie : « La vie d'Amélie est insupportable. À vingt-deux ans, je dois toujours lui interdire de sortir seule, même dans notre rue. »

Les vies de nos filles ne sont que restrictions et limites.

Je préfère laisser Julie espérer.

8 mai 2014

Ne nous trompons pas de coupable !

Ces dernières semaines, une journaliste de Libération a publié deux nouveaux articles sur les établissements belges. Je m'en réjouis, m'en inquiète à la fois.

Libération samedi 1er et dimanche 2 mars 2014 :

> Handicapés. De placements en déplacements. Accusant un retard considérable dans la prise en charge de personnes handicapées, la France se défausse sur la Belgique et ses lucratives « usines ». C'est ce qu'a vécu Fabien, autiste ballotté des Yvelines à la Corrèze, puis en Wallonie, où il est mort, à 21 ans, loin de sa famille[1].

En une du *Libération* du 25 avril 2014 :

> France-Belgique. Le scandale des handicapés. Manque de soins, insalubrité, isolement... Enquête sur les établissements

1. Par M. Piquemal.

belges qui font de l'accueil des patients français un business lucratif.

Ces articles soulignent le caractère commercial des établissements et le profit effectué sur le dos des exilés français. Les photos et les descriptions des locaux sont choquantes. L'en-tête d'une interview parle « d'une bombe qui est en train d'exploser ». J'ai peur hélas ! que la déflagration ait lieu au mauvais endroit. Suite à l'accord-cadre récent, les autorités françaises auront beau jeu de répondre que la situation a bien été prise en compte et que des contrôles vont avoir lieu. Mme Carlotti, avant de quitter son ministère, a pourtant signifié qu'elle n'avait pas de budget complémentaire pour embaucher de nouveaux inspecteurs. Ceux qui se rendront en Belgique délaisseront donc forcément les établissements français et en particulier ceux du Nord.

L'analyse des deux reportages de Mme Piquemal laisse pourtant apparaître la véritable cause du problème. Aucun établissement français n'assumait le jeune Fabien cité dans le premier article. Hélène, 77 ans, a attendu des années dans l'espoir d'une place pour son fils et a fini par suivre le panneau « direction la Belgique » qu'on lui plaçait devant les yeux.

Dans l'externat où se rend Julie, Georges a 59 ans. Il parle peu et je ne l'ai jamais vu agressif mais il a besoin d'aide au quotidien. Comment font ses parents ? Véronique a à peu près le même âge. Je l'ai souvent vue arriver au centre accompagnée d'un monsieur d'une soixantaine d'années qui s'avère être son beau-frère ! Les familles tiennent le plus longtemps possible mais sont parfois contraintes à l'abandon comme l'indique l'article de fin avril : « 50 % des résidents n'ont pas reçu une seule visite depuis cinq ans. Nous le déplorons. » Ce même article mentionne 8 000 personnes selon les autorités wallonnes, soit au moins 1 500 de plus que les informations officielles françaises. Combien sont-ils vraiment ?

La journaliste a aussi obtenu le coût moyen de prix de journée par un membre du conseil général de Seine-Saint-Denis : 163,30 euros versus 164,8 en France ! Si ces chiffres sont justes, pourquoi argue-t-on encore du coût moindre en Belgique ? Mme Piquemal nous apporte étonnamment la réponse en fin d'article : « Qui veut des personnes que l'on accueille ? Allez poser la question à la France. Personne n'en veut, voilà la vérité[2] ! »

2. B. Duplat, interviewé par M. Piquemal.

Que la presse continue à dénoncer toute maltraitance faite à une personne vulnérable est évidemment souhaitable. Mais il faut aussi garder à l'esprit que beaucoup d'établissements belges fonctionnent bien et que les retours des parents ou des tuteurs sont souvent très favorables. De nombreuses familles y ont trouvé une place au sein d'un établissement comme au sein d'une société, que notre pays ne leur offrait pas !

Il est plus simple de faire passer notre voisin pour un monstre, même si c'est inexact. Dans le rapport Cambion sur l'école spécialisée, ces quelques lignes soulignent au contraire sa générosité :

> Or, les enfants français représentent 8 % des effectifs d'enseignement spécialisé. Pour la Fédération Wallonie-Bruxelles, qui assume seule la charge financière de la scolarisation de ces enfants, les dépenses sont de plus en plus lourdes : elles sont passées de 37 millions d'euros pour la rentrée 2009-2010 à 37,9 millions pour la rentrée 2011-2012.

De quel droit se permet-on de juger la qualité de leur formation ? Le monde associatif français a en réserve des dizaines de dysfonctionnements en termes de soins, de détournements de fonds ou, plus grave, de maltraitances, signalés partout dans l'Hexagone. Si leurs excellents diplômes ne permettent aux professionnels français de s'occuper des cas complexes, la simple humanité des « Wallons sans formation » ne les empêche pas de les accueillir ! Il n'existe pas de recette miracle mais bien une façon d'être, une empathie et une capacité à remettre en cause ses propres repères ; qualités toutes indispensables pour entrer en relation avec des personnes qui se débrouillent dans la vie sans posséder toute la trousse à outils ! Eh oui, tout ne s'apprend pas à l'école laïque et républicaine !

Anita (notre auxiliaire de vie sans formation sur le handicap) offre parfois un cadeau à Julie, une peluche, un œuf de Pâques... Elle me dit alors : « Je sais, ce n'est pas très professionnel... » Chaque soir, elle repart son sac empli de peluches à la demande de Julie – « des amis pour la protéger » – et revient le matin en racontant à Julie la soirée et la nuit qu'ils ont passées chez elle.

Je la regarde en souriant. Son attitude est simplement juste. Elle a réussi là où certains éducateurs surdiplômés et expérimentés – ou autosatisfaits – ont échoué. Et pourtant Julie n'a pas toujours été tendre et douce avec elle !

9 mai 2014

Note d'actualités

Pour essayer de profiter de l'anniversaire d'Hadrien, j'ai encore laissé mon iPhone à Julie. Je l'avais prévenue : « tu n'inondes pas de SMS mon carnet d'adresses ». Il est déjà arrivé qu'elle envoie à mes contacts professionnels diverses photos de peluches et même une pose de vernis sur mes pieds (cette dernière tentative avait toutefois échoué quand je m'étais rendu compte qu'une papparazzi était en action à mes côtés) !

Cette fois, elle a trouvé autre chose. Depuis quelques minutes, je reçois en rafale des alertes Internet de divers organismes de presse. Julie me permet ainsi de découvrir que notre pays se permet l'abandon de plusieurs millions pour un projet imposé par l'Europe et mal préparé au niveau national.

Jean-Yves Guérin, publiée le 29 avril 2014 à 22 h 23 :

> « ... la ministre de l'Écologie planche sur des solutions alternatives pour générer autant de recettes que l'écotaxe (800 millions d'euros par an). Une nécessité car ces rentrées sont attendues pour financer des infrastructures de transport (tramway, routes...) déjà budgétées un peu partout en France. Là encore, rien de fondamentalement nouveau dans les pistes qu'elle a évoquées... Reste que, si le gouvernement décide finalement de ne pas introduire l'écotaxe, il devra indemniser Écomouv'. Une rupture pour motif d'intérêt général, en clair sans qu'une faute du prestataire ait été constatée, coûterait pas loin de 800 millions d'euros. »

Je ne peux m'empêcher de penser qu'un peu de réflexion limiterait un tel gâchis et offrirait à d'autres des financements bien nécessaires. Je ne dis rien car Hadrien va me donner un petit cours d'économie, m'expliquant que les budgets ne passent pas de l'un à l'autre par un claquement de doigts. N'est-ce pas pourtant une question de priorité ?

La mienne est maintenant d'aller raconter une histoire de loup. Julie a trouvé une nouvelle collection d'un loup qui voyage, dans le temps, dans le monde, ne veut plus marcher, etc. Hier, par erreur, j'ai sauté une page et j'ai eu droit à un : « Ça va pas la tête maman ! »

12 mai 2014

Immigration positive

Hier soir, à la fin du dîner, j'ai regardé Tristan dans les yeux. Je lui ai dit que notre seule solution était de trouver un établissement en Belgique. Je l'ai vu pâlir, son visage s'est crispé et par une grimace que je connais bien maintenant, il a retenu ses larmes. Le silence est sa seule réponse, en guise d'accord.

Force est de constater que la cellule des situations critiques ne nous a pas été d'une grande aide. On pourrait même dire familièrement qu'on nous a gentiment baladés. Nous avons été patients mais mes derniers mails ne font que redonner des éléments des premiers, et le temps passe.

Si j'avais voulu écrire un sketch, je n'aurais pas trouvé autant d'idées ! Malheureusement, nous ne jouons pas dans un spectacle comique. Dans notre famille, le drame est réel. Chaque membre se trouve fragilisé car l'un d'entre eux est empêché dans son développement par un monde qui l'ignore.

Je me suis longtemps demandé quel chemin j'allais suivre. J'ai rapidement su que je n'avais ni les moyens financiers ni encore suffisamment d'énergie pour me lancer dans un projet comme celui d'Isabelle. Je n'avais aucune envie de m'épuiser comme Fleur dans l'espoir d'une solution idéale et d'accepter le départ prématuré de mes deux autres enfants. Il ne me restait qu'à tenter la voie de Sophie. C'est cependant pour moi un non-choix. Le seul espoir pour retrouver l'équilibre instable qui était le nôtre auparavant.

Je pars demain avec M. P, travailleur social d'une association tutélaire proche de mon domicile, pour visiter quelques établissements belges. Il m'a proposé ce déplacement lors de notre première rencontre, fin avril. Il connaît bien la Belgique, et pour cause, c'est sa nationalité ! Son parcours me fait sourire. Dans son pays d'origine, il s'est retrouvé en université avec 15 Français sur 90 élèves, tous recalés hexagonaux. Il a ensuite obtenu une équivalence française à la faculté de Lille comme 6 autres Belges et 3 autres Français. Les 7 Belges de sa promotion travaillent actuellement en France en raison d'une forte pénurie de travailleurs sociaux. Moins de quinze jours après avoir récupéré son diplôme, il a même reçu plusieurs propositions ! Il est en poste depuis quatorze ans. L'association emploie 25 personnes et est en charge d'environ 700 majeurs protégés dont 8 en établissement en Belgique. Deux autres les rejoindront prochainement. Sur ces dix familles, une seule a fait ce choix pour des raisons éducatives. Il me raconte en revanche plusieurs histoires de rupture de prise en charge. Une jeune femme a ainsi été amenée dans un établissement en Belgique avec une promesse de retour signée des deux parties si les difficultés s'avéraient trop nombreuses. Le lendemain même, l'équipe française appelait ses confrères belges pour les informer qu'en aucun cas leur patiente ne pourrait revenir ! À leur demande, elle avait démissionné de son emploi en ESAT et ne pouvait donc plus prétendre à une place en foyer, les deux étant liés ! Dans d'autres cas, les IME qui avaient la charge d'enfants handicapés leur ont directement trouvé une place de l'autre côté de la frontière, grâce à ce qu'il faut bien nommer une filière organisée. Le plus souvent, le motif invoqué pour cet exil est un handicap jugé trop lourd ou des troubles du comportement qui dérangent. Un retour par mois est prévu en moyenne, le plus souvent financé par l'établissement. Quant à M. P, il rend visite en moyenne deux fois par an à ces majeurs protégés. Aucun ne se trouve dans un établissement « à scandale ». Quatre des huit structures qu'il fréquente n'accueillent que des Français. Pour lui, la Belgique est en avance sur la France. Les lois de 2002 et 2005 avaient par exemple leur équivalent belge dès le début des années 1990. La prise en charge outre-frontière est selon lui bien meilleure. Elle n'est jamais brutale comme en France car l'établissement cherche une solution dans l'intérêt du résident et non pour s'en débarrasser. Afin de garder le lien avec les familles, en particulier celles qui ne peuvent se déplacer en raison de l'âge ou de conditions sociales précaires, certaines structures belges organisent même des réunions en région parisienne.

Il s'interroge en revanche sur l'attribution de l'aide sociale en France. Ce dispositif permet le financement par le département (donc par la solidarité) du coût de la prise en charge en foyer. Les résidents payent en général un forfait journalier pour un montant total mensuel autour de 500 euros. Pourtant, certains d'entre eux possèdent parfois jusqu'à 600 000 euros d'économie. Pourquoi ceux-là ne participeraient-ils pas davantage tout en préservant une part de leur capital ? C'est aujourd'hui que cet argent est utile, pas à leur mort ! J'écoute M. P avec attention, imaginant qu'on pourrait lui rétorquer que nous ne sommes plus alors dans le principe de l'égalité. Mais cette fois au moins, au profit personnes handicapées !

À la fin de notre conversation, il me livre deux anecdotes. La première questionne clairement la formation des personnels français. Le directeur d'un établissement belge de renom est venu pour faire une conférence sur la « bientraitance » : la moitié du personnel dormait et le chef de service était absent !

La seconde résume le caractère ubuesque de la situation et les effets pervers d'un monde centré sur l'économie. Certaines familles belges essayent de se faire domicilier en France afin que leurs enfants puissent bénéficier de la prise en charge financière en établissement belge. Il déclare même : « ce qui se passe dans mon pays est une honte », en parlant du manque de places pour les personnes originaires de Belgique.

13 mai 2014

Échappée en Wallonie

M. P m'attend à 6 heures pour un petit périple wallon. J'y vois l'occasion de compléter mes informations mais je prends aussi le dossier de Julie sous le bras. Mon conducteur est un homme probablement timide et spontanément silencieux. J'ai l'estomac noué et aucun mot ne sort de ma bouche. Les paysages de l'autoroute du Nord me sont déjà bien connus, si souvent parcourus depuis les 14 ans de Julie. Cette fois, je ne conduis pas. Un panneau indiquant la mer de Sable me rappelle que nous n'y sommes jamais allés. L'état de Julie enfant restait trop imprévisible et je manquais souvent de courage pour décider de visiter un lieu inconnu.

À la forêt de Compiègne, verdoyante sous un incroyable soleil, le premier de ce mois de mai, succède les géants d'acier. Je m'amuse à compter les vingt-quatre éoliennes. Au-delà de toute discussion écologique, j'arrive à trouver une certaine beauté à ces mastodontes qui se meuvent au rythme du vent. J'y vois même parfois le symbole d'une humanité qui pourrait tourner dans le bon sens. À l'horizon, on en aperçoit d'autres et l'observation de ces hélices en mouvement me permet d'oublier.

Au kilomètre 100, je découvre le panneau « Roye ». Je n'y avais jamais prêté attention avant ma rencontre avec M. Devoldère et son récit des bus emplis de nos exilés.

J'interroge alors mon conducteur sur le morceau de corde accrochée au rétroviseur, tressée d'un brin blanc et d'un autre rouge. Il m'explique qu'il s'agit des couleurs de Mons et que cette corde fait référence à une fête prochaine, la fête du Doudou. Il me raconte la procession d'un char d'or tiré par six chevaux et poussé par la foule. Transportant les ossements de la sainte locale, le char doit monter la grimpette finale du trajet en une fois. S'il ne le peut, un malheur arrivera dans l'année. Ce fut le cas en 1914, 1940... S'ensuit sur la place centrale, entourée de corde blanc et rouge, un terrible combat entre le dragon et saint Georges, la foule y participant en arrachant le crin de la queue de la bête. Son récit nous amène jusqu'à la sortie de Condé-sur-l'Escaut que nous prenons pour éviter les difficultés liées aux travaux de la partie belge de l'autoroute.

De petits villages en villages, nous arrivons au Callenelle, sans avoir visualisé la frontière. Quelques virages et nous voici dans une haute allée taillée, au fond de laquelle j'aperçois le château.

Nous sommes accueillis par M. de Thibault, directeur de l'établissement depuis 2007. C'est un homme d'une petite cinquantaine d'années, simple et chaleureux, qui nous accompagne dans son bureau situé dans le bâtiment central du château. Orthopédagogue de formation (pédagogue de l'éducation spécialisée, profession qui fait maintenant partie de la filière psychologie), il se dit influencé par l'expérience québécoise, humaniste plutôt que comportementaliste. Fondamentalement, il s'agit d'accepter que tout être humain évolue et s'épanouisse hors collectivité tout en l'intégrant dans une communauté. C'est l'autonomie affective qui est le premier critère pour intégrer par exemple un appartement en ville, géré par leur établissement. Pour certains en effet, il est difficile de se passer de l'entourage des parents ou des éducateurs, alors qu'ils présentent une réelle autonomie fonctionnelle. Il est même convaincu que pour certains résidents très régressifs, une structure de ce type serait plus « contenante », mais sait que son avis est peu partagé.

Je me permets de développer cette idée autrement : l'autonomisation de la personne handicapée ne peut être une course effrénée ; certaines personnes auront toujours besoin de structures résidentielles, rassurantes. Dans chaque situation, c'est le sens de l'accompagnement qui doit primer.

Un établissement ne doit pas être un lieu de type hospitalier et ce, quelle que soit la lourdeur du handicap : voilà pour lui le fil rouge des institutions belges. C'est pour cette raison qu'elles organisent des partenariats avec les services médicaux à proximité et des conventions avec des services hospitaliers dont la psychiatrie. Il est toujours aussi étonné de voir qu'en France des personnes déficientes intellectuelles se retrouvent mélangées à une population relevant de la psychiatrie. En Belgique, les hôpitaux psychiatriques et des établissements spécifiques accueillent cette population psychiatrique. Les personnes handicapées, dont les besoins sont différents, sont accueillies dans des établissements qui sont avant tout des lieux de vie.

58 résidents, 12 Belges et 46 Français, vivent actuellement au château de Callenelle. Parmi ces derniers, 20 sont originaires d'Île-de-France et un vient même

des Antilles. La grande majorité des Français n'avait pas trouvé de place dans notre pays hors hôpital psychiatrique, en raison de troubles très régressifs ou de comportements alourdissant la déficience intellectuelle. Le personnel compte 65 professionnels, dont 33 éducateurs temps plein, 6 aides-soignantes et 2 infirmières. C'est à ce moment que M. P me révèle une autre facette du scandale français : certains résidents sont arrivés extrêmement médicamentés. Il pense notamment à un trisomique pour lequel le traitement a été diminué par huit en quelques semaines. Auparavant, il était pris en charge dans un établissement où de jeunes toxicomanes en situation sociale précaire l'avaient pris pour tête de Turc. Il avait donc été « shooté » car il se défendait et il fallait apaiser l'atmosphère !

J'accuse le coup et mesure à ces propos le chemin qui nous reste à parcourir.

> Pour ne pas devenir maltraitante pour le personnel et ensuite les résidents, une institution doit rester ouverte, au sens propre comme au sens figuré.

L'établissement bénéficie d'une supervision toutes les six semaines et d'un comité d'éthique coordonné par

Jean Van Hemelrijk[1] qui a travaillé sur des questions comme le langage commun en équipe, la notion d'éducateur référent, la psychose. Il vient même de mettre en place un nouveau dispositif, ses deux assistantes sociales pouvant à présent interroger le dispositif en tant que tiers internes.

Il trouve la formation française trop technique et les fiches de poste trop restrictives.

> Le challenge d'une institution est la cohérence du dispositif et que tous se l'approprient. Prendre soin est une philosophie avant d'être un acte technique, on peut se tromper, le droit à l'erreur existe. On doit savoir s'interroger sur ce qu'entraîne une situation difficile. Et se sentir en sécurité pour pouvoir se livrer.

Nous abordons alors la façon dont les établissements belges ont été présentés dans les médias français depuis quelques mois. Il est scandalisé par les images diffusées par les médias, notamment les photos choquantes dans *Libération*, qui témoigneraient d'une situation de maltraitance généralisée. Avec sincérité, il m'explique que

1. J. Van Hemelrijck est psychologue et psychothérapeute familial. Il enseigne dans plusieurs facultés. Après avoir longuement travaillé en hôpital psychiatrique et en hôpital général, il exerce principalement une activité de superviseur institutionnel et de consultant.

lors de ma visite, je pourrai sans difficulté prendre de tels clichés. Il faut parfois des années pour que certains autistes acceptent des meubles dans leur chambre. Tout y passe, y compris les vêtements. Si l'on se refuse à « endormir ces résidents », si on préfère les accompagner dans le temps, on se trouve forcément confronté à ce type de problème. Les Français ont beau jeu de pointer du doigt leur voisin alors même qu'ils n'ont pas de solutions adaptées à ces résidents difficiles.

Pour autant, il a été choqué par les déclarations d'un dirigeant, vantant les bénéfices de sa société anonyme qui ouvre des établissements en Belgique, et ses propres revenus qu'il estimait à 10 000 euros par mois. Il dénonce le démarchage de ces sociétés en France.

M. de Thibault est heureux de travailler dans une association sans but lucratif (ASBL)[2]. Elle a su se redresser après avoir vécu des années sombres durant lesquelles quelques membres du conseil d'administration avaient mis en place un dispositif permettant de tirer profit

2. Il existe donc schématiquement trois types d'établissement en Belgique :
– agréé-subventionné par l'AWIPH, dans lesquels sont accueillis exclusivement des Belges,
– ASBL avec APC, dans lesquels sont accueillis principalement des Français et quelques Belges en particulier les cas critiques fléchés par l'AWHIP,
– société commerciale avec APC, où sont accueillis exclusivement des Français.

des financements. Dès les années 1990, certains avaient identifié le pipe-line des fonds français. Aujourd'hui, les administrateurs, investis bénévolement dans cette association, veillent à ce que tout excédent soit réinvesti pour le bien-être des résidents.

Les associations gestionnaires belges sont rarement issues du regroupement de parents et M. de Thibault considère que c'est une bonne chose. Cela évite des collusions entre des administrateurs qui auraient un enfant dans l'établissement et le personnel. M. de Thibault note aussi que le statut d'ASBL ne garantit pas obligatoirement une meilleure prise en charge que des sociétés commerciales. Des normes en effectifs sont exigées pour tous par l'AWIPH à raison de 0,15 équivalent temps administratif plein par résident, 0,6 éducatif soignant par résident. Elle donne également des recommandations en termes de salaire, en général suivies dans les associations. Il existe en outre un système de plainte et l'AWIPH est assez réactive. L'agence wallonne dispose aussi d'un dispositif avec un budget individualisé pour les Belges dont le cas est jugé prioritaire : lourdeur du handicap, double diagnostic (handicap mental avec gros troubles du comportement) et précarité sociale. C'est dans ce cadre qu'il accueille depuis 2007 plus de Belges que de Français.

C'est l'Europe qui selon lui a permis cette terrible marchandisation du handicap même si elle n'est pas seule responsable. La France par son manque de places, par le dispositif financier mis en place pour la prise en charge outre-frontière, a participé largement à cette dérive. La Belgique de son côté a émis un moratoire en 2000, bloquant la création de nouveaux établissements subventionnés et proposant des prix de journée pour les Belges sans-solutions jusqu'à trois fois inférieurs à ceux de leur voisin. Ainsi, dans son établissement, les prix de journée sont pour les Français de 185 euros pour les orientations MAS et entre 169 et 211 euros selon les départements pour les orientations foyers de vie (moyenne de 190 euros par jour de présence). Pour les résidents FAM, s'ajoute un forfait de 73 euros par jour de la Sécurité sociale. Pour les résidents belges accueillis, le montant du prix de journée se situe entre 50 et 110 euros au plus. Je note que les chiffres qui me sont transmis n'ont donc rien à voir avec ceux avancés par Mme Piquemal dans *Libération*.

M. de Thibault nous invite alors à déjeuner. Nous sortons du bâtiment central.

Sur le côté droit de celui-ci, se trouve une chapelle à laquelle est accolé un bâtiment plus récent ; sur le côté gauche, les « maisons » – unités – dans lesquelles sont accueillis les résidents. Agathe et Marie, assistantes sociales, nous rejoignent. Toutes deux aux alentours de la trentaine, souriantes et dynamiques, elles nous guident vers une petite cafétéria. Dans l'arrière-cuisine, j'aperçois une personne handicapée accompagnée d'un éducateur alors que deux autres résidents nous attendent pour nous servir. Cette activité fait partie de leur projet éducatif. Mes guides m'expliquent que chaque projet est individualisé et qu'on s'efforce de répondre autrement aux besoins de chacun si l'atelier classique n'est pas satisfaisant.

Pendant le déjeuner, nous échangeons sur les différents modèles d'intégration, en compagnie de Corine, responsable du pôle éducatif et pédagogique. Les deux assistantes sociales nous accompagnent ensuite pour une visite des maisons, lieux de vie des résidents. Là encore, certains journalistes pourraient décrire des personnes inactives ou affalées sur un canapé. En tant que mère d'adulte handicapée, je sais combien ils ont besoin de pauses et de repos pendant la journée. D'autres mots me viennent plutôt à l'esprit : bienveillance, liberté et reconnaissance d'autrui comme sujet.

Les chambres sont simples ou doubles. L'une d'elles est effectivement totalement dénudée mais la résidente accepte depuis peu que le matelas soit posé sur les bois de lit. Je croise des résidents calmes, des personnels souriants et disponibles. Agathe et Marie connaissent tous les prénoms et partagent quelques mots avec chacun, résident ou personnel. Nous nous rendons alors dans l'atelier papier mâché. Avec passion, l'animatrice nous montre les réalisations de l'année, qui sont le plus souvent destinées aux familles et à la décoration des différents espaces. Trois résidentes sont installées autour des tables. L'une d'entre elles, en fauteuil, cherche à retirer son tee-shirt et avec patience et régularité, l'éducatrice le replace. Au fond de la pièce, un jeune homme malentendant nous sourit, installé devant un clavier, le casque sur la tête. Il ressent la musique.

Nous passons par un jardin des sens, élaboré depuis deux ans au fond du parc. Un résident souhaite m'offrir une salade. Il en est très fier. Nous échangeons avec l'éducateur sur le fait qu'en France, les établissements sont obligés de détruire leur production botanique pour respecter les normes d'hygiène. Quel risque y a-t-il dans une salade de potager et des herbes aromatiques ? Les résidents sont si heureux ici de pouvoir manger leur production ou la distribuer. Un petit détour par l'atelier du bien-être, qui sera prochainement inauguré, et nous retrouvons le directeur.

Nous avons énormément partagé durant cette journée. Rien ne m'a été caché, la parole était libre.

J'ai rencontré des professionnels humanistes qui pensent leur pratique au quotidien, en fonction de chaque personne, et préservent une place primordiale aux familles. J'ai rencontré des résidents considérés dans leurs limites mais aussi dans leurs potentialités.

Prendre soin est une philosophie, pas un acte technique.

17 mai 2014

Rencontre inespérée

Il y a quatre ans, j'ai commencé à assister à quelques journées de formation autour du handicap. Je me souviens qu'un de mes voisins se réjouissait de la présence d'Élisabeth Zucman dans la salle et je lui avais demandé qui elle était. Le qualificatif de « papesse du handicap » m'avait fait profondément ressentir ma méconnaissance du domaine. Chacune de ses interventions me laissait muette, tant cette toute petite femme de plus de 80 ans montrait une capacité exceptionnelle à analyser, synthétiser et retranscrire ce qu'elle avait appris auprès de personnes polyhandicapées. Sa parole était emplie d'humanité et d'amour. Une parole qui vous marque.

En octobre 2013, par chance, nous nous sommes retrouvées côte à côte à dédicacer nos livres. Chacune a acheté le livre de l'autre et écrit un mot rapide. Elle ne me connaissait pas mais terminait son court texte par : « à bientôt ». Une petite étiquette avec ses coordonnées confirmait cette possibilité. Son ouvrage, *L'Action médico-sociale au service des personnes handicapées*[1], proposait un regard critique sur les dysfonctionnements et les limites du système. Je me devais en toute logique de la rencontrer.

Je finis par dépasser la timidité que m'inspirait cette femme, son parcours, sa pensée. Sa voix est étonnante, emplie de jeunesse et d'une énergie que beaucoup peuvent, quel que soit leur âge, lui envier. Le rendez-vous fut facilement fixé pour le lendemain, samedi 17 heures. J'ai hésité, pour Julie. Le week-end dernier, alors que je me préparais à aller jouer au tennis, elle m'avait lancé : « Vous êtes monstrueuse, voilà ce que vous vous êtes. Tu m'avais promis de rester avec moi. » Évidemment une telle formulation me fait sourire mais je sais que pendant mes heures d'absence, elle est souvent difficile voire odieuse avec son père. Les mois passés ont réduit sa patience à une peau de chagrin.

Installée dans le canapé du salon de Mme Zucman, je raconte notre parcours familial et les vingt mois

1. L'Action médico-sociale au service des personnes handicapées, sous la direction E. Zucman. Érès 2013.

d'errance de Julie. Elle me regarde et quand elle me signifie que cela lui paraît long, je retiens mon émotion pour cacher ma fatigue.

Je lui parle de mon questionnement sur les exilés mentaux. Pour elle, la vraie raison, d'ailleurs transfrontalière, est la complexité de ce domaine professionnel qui met les équipes devant une nécessité d'une sur-disponibilité humaine. Il faut être formé, soutenu, nombreux, pour parvenir à assumer ce rôle. La clef de tout le dispositif repose sur les moyens humains. Tout le monde n'est pas fait pour une telle confrontation, dans la durée et dans la proximité. Si on essaye de se distancier, de refuser les émotions, naît immanquablement la souffrance professionnelle, souvent cause de maltraitance, petite ou grande. Le devenir des établissements médico-sociaux dépend avant tout de la valeur de ses cadres qui doivent être solides, expérimentés et résistants à l'usure.

Médecin de réadaptation fonctionnelle, elle se souvient des certificats qu'elle rédigeait aux familles en 1962 pour qu'elles obtiennent une aide de 50 francs. Elle se voit encore écrire « inéducable et non scolarisable ». Cela n'avait aucun sens car évidemment toute personne humaine est accessible si on la considère dans sa singularité. Pour elle, le fonctionnement doit tenir compte des personnels, des résidents et de l'environnement. Elle ne veut pas parler de pensée systémique bien que cela ne soit pas inintéressant. Sa seule théorie est la personne.

Nous abordons la question des refus de prise en charge dans l'Hexagone, dont elle constate qu'ils sont de plus en plus nombreux. Elle m'explique que trois types de difficultés en sont la cause. La première est la nécessité de soins physiques lourds, tant le manque de soignants – médecins, psychiatres, kinésithérapeutes – se fait de plus en plus sentir. On fait même venir des professionnels belges, notamment ceux qui ont reçu la double formation de psychomotricien et psychologue.

Mais l'essentiel des refus est lié à des troubles de la sphère psychique. Elle insiste avec véhémence sur l'origine pourtant réactionnelle de ces comportements : ne pas être compris déclenche une frustration terrible. Heureusement, certaines équipes partagent cette interprétation et cette attitude d'écoute, en particulier dans certaines maladies rares. Les troubles de l'adaptation peuvent évoluer à tout âge. Le jeu en vaut donc la chandelle, si on s'en donne les moyens !

Mme Zucman constate enfin et avec désolation, une troisième cause de refus. Elle a vu de plus en plus de familles en situation précaire laissées de côté, les équipes considérant qu'elles ne pouvaient travailler avec elles. Je souris intérieurement et me demande si ce n'est pas le cas aussi pour les familles trop investies, celles qui ont parfois plus réfléchi au handicap que les professionnels qui les accueillent. Elles déstabilisent et font probablement peur.

Depuis trente ans, elle constate une aggravation de la situation, dans un pays en crise de responsabilités individuelles et collectives. Si elle garde une grande confiance dans les associations de parents, elle regrette qu'elles soient influencées par une pression gestionnaire. Elle constate avec amertume que les administratifs des ARS refusent de s'approcher du terrain, par peur probablement. « Dire que c'est un problème d'argent n'est qu'un paravent. »

Bien qu'il y ait encore dans toute la France des lieux de valeur, elle est désespérée par l'évolution de son pays qu'elle associe à une régression individuelle et une perte des valeurs les plus simples. Mme Zucman cite en exemple le méfait des « 35 heures », qui ont détruit l'idée de travail à accomplir en le remplaçant par des minutes à donner. L'espace d'une seconde, je me souviens des 7 h 34 quotidiennes des infirmières du service et de l'interdiction de faire une minute de plus qui ne serait pas payée.

Dans un travail de recherche en 1980, Mme Zucman dénonçait un dysfonctionnement majeur : l'absence d'outil informatique commun au niveau national. Les réductions budgétaires eurent raison de sa mission, les chercheurs expérimentés jugés trop chers furent licenciés. Plus de vingt après, la CNSA, pourtant en charge de la méthodologie, a jeté l'éponge, chaque département revendiquant le développement de ses outils propres.

Nous abordons ensuite la question de l'inclusion scolaire depuis la loi de 2005. Sans hésitation, elle parle d'une intégration scolaire faite en faux-semblant. En 1982, un enfant porteur de handicap entrait à l'école quand le maître et le directeur étaient volontaires. « Il faut arrêter de penser que tous les enfants handicapés pourront intégrer l'école dans son modèle actuel. La loi de 2005 nous promet la lune mais est une magnifique pétition. » Elle aimerait qu'on passe aux actes au lieu de continuer à verser « de l'eau sur les plumes du canard ». L'école reste aujourd'hui trop normative, laissant déjà de côté près de 20 % d'enfants dits « en échec ».

Après plus de quatre-vingt-dix minutes d'échanges, Mme Zucman me raccompagne. Si j'osais je l'appellerais Élisabeth, pour percevoir l'admiration que peuvent ressentir ses proches. Depuis vingt ans, elle consacre sa retraite à ce qui l'a nourrie toute sa vie, la rencontre de l'autre différent. Sur le pas de la porte, j'ose lui demander son âge : « Quatre-vingt-trois ans et demi. J'aime beaucoup. Il y a beaucoup à apprendre de la vieillesse, de ma surdité débutante. »

J'ai beau la dépasser de deux têtes, je sais que je viens de rencontrer une grande dame.

Maud et Hadrien m'attendent dans le salon, la mine sombre. Je leur demande s'il y a eu un « drame », terme que j'utilise quand l'une de mes absences a engendré un état d'angoisse explosif chez Julie. Mais la question n'est pas là.

Tous deux veulent savoir quand nous rachèterons une télévision ! Julie a cassé la première lors d'un accès épileptique en décembre 2012. Tristan l'avait remplacé par un grand écran. Un mois au plus, la maladresse de Julie mettait fin à la vision de belles images réalistes. Mon frère nous a alors donné son vieux modèle, en attendant que Tristan soit prêt à reprendre des risques. J'oubliais que notre Beauté a aussi fait tomber le vieux téléviseur cathodique de notre chambre, un matin de contrariétés. Trois télévisions en quelques mois, à laquelle je peux ajouter celle de la MAS !

Mais à travers cette demande matérielle, Maud et Hadrien ne m'envoient-ils pas un tout autre message ? N'ont-ils pas simplement besoin que je m'intéresse un peu à leurs vies, à leurs besoins, ne serait-ce que quelques minutes ?

Ils savent que je ne peux en donner beaucoup plus.

20 mai 2014

Comment avancer ?

Nous venions de présenter notre premier livre à la Société Française de Pédiatrie avec deux autres auteurs. Comme nous, ils n'hésitent pas à raconter sans détour le difficile parcours des familles d'enfants handicapés et les rencontres médicales parfois bien malheureuses. Je suis ravie de cette ouverture du monde des pédiatres à notre parole de parents. Un des modérateurs a même lancé : « La lecture de ces trois livres devrait être obligatoire dans les études de médecine ! ».

Arriverons-nous à faire passer un tel message aux décideurs ? Bien souvent, dans les ARS ou les MDPH, j'entends parler de notre souffrance de parents. Cela m'est insupportable. De tels propos ne sont-ils pas simplement un mécanisme de défense de ces professionnels contre la souffrance que devrait engendrer l'absence de réponse adaptée et de solution, bref l'inefficacité dans leurs missions ? J'ai eu régulièrement au téléphone un médecin de la MDPH, attentive et sincère. Elle m'a souvent dit « continuez, il faut des parents qui osent dire ». Pourtant, que se passerait-il demain si les salariés des administrations concernées se mettaient en grève pour dénoncer l'absence de moyens dont ils disposent ? Peut-être seraient-ils plus entendus que « les parents en souffrance » ?

Avant de rentrer à Paris, un déjeuner a été organisé par Mariecke[1] avec Charles Gardou[2] qui exerce à l'Université de Lyon. C'est un homme allègre, que nous retrouvons sous une pluie battante près de la Gare La Part-Dieu. Non sans peine, car nous nous attendions sur les deux places opposées qui encadrent la gare. Une belle rencontre se mérite. Professeur d'anthropologie, il parle comme il écrit, brillamment, de manière limpide et accessible. Il est très différent de ces chercheurs dont les écrits me font parfois le même effet que les paroles

1. Mariecke Aucante est journaliste à la télévision et auteur de plusieurs livres, dont *Petit Frère L'orage*.
2. Charles Gardou a publié de nombreux ouvrages, dont *Handicap, une encyclopédie des savoirs. Des obscurantismes et à de Nouvelles Lumières* (2014) ; *La société inclusive, parlons-en ! Il n'y a pas de vie minuscule* (2012) ; *Fragments sur le handicap et la vulnérabilité. Pour une révolution de la pensée et de l'action* (éd. 2013).

de médecins face à leurs patients : on se sent tout petit et on comprend un mot sur deux. Avec humilité, il nous raconte son parcours et une mission mémorable : « Je faisais partie en 2001-2002 de la Mission nationale de révision de la loi de juin 1975. Le travail, réalisé pendant plusieurs mois, a rejoint les oubliettes. Jeu de l'alternance politique et de ses conséquences incessamment répétées. »

Il sourit et fait preuve d'un recul que j'admire d'autant qu'il a pourtant poursuivi sa croisade par ses livres. Aujourd'hui, il propose la création d'un « Haut Conseil National de la Politique du Handicap », chargé de maintenir un cap cohérent dans la durée, par-delà des ministres qui, du jour au lendemain, passent, sans les compétences requises, du transport à l'écologie ou au handicap.

Pourrais-je avoir cette sérénité et ce réalisme, quand Julie aura trouvé une place ? Aurais-je encore assez d'énergie pour faire partie de ces croisés ?

Dans le train du retour, je repense à ma discussion avec J. F. Chossy, il y a quelques jours. Je n'avais comme image de lui que la photographie disponible sur le site de l'assemblée Nationale. Il a une voix masculine, grave et chaleureuse. On y entend une forte détermination. J'avais essayé de le joindre pour lui poser une question simple et fondamentale pour moi : « comment faire bouger les lignes ? ». Nous abordons évidemment le problème des établissements belges qui ouvrent leurs portes en à peine six mois contre un minimum de cinq ans en France et parfois même dix ! Il a encore à l'esprit la visite d'un établissement wallon dans lequel un dortoir de 83 lits existait ! Les normes belges autorisaient cela.

Il valide ma vision d'une part émergée d'un iceberg visible au Nord des Ardennes. Il est plus simple à la France de déléguer et le nombre des exilés atteint probablement plus de 8 000 personnes voire 10 000 selon certains. Il évoque aussi un problème similaire débutant en Suisse et en Espagne.

Pour lui, la seule issue pour faire bouger nos gouvernants est la médiatisation. Publier des rapports sur les insuffisances de la France n'est pas toujours bien accueilli, il le sait. Mais le parcours d'une famille et d'une jeune femme proches de dizaine milliers d'autres, sera-t-il plus efficace ? Uniquement s'il fait du bruit, j'en ai conscience.

Il a aussi été rapporteur de la loi de 2005 et me cite l'article 67 qui impose à l'état de répondre aux besoins :

« ... toutes les dispositions sont prises en suffisance et en qualité pour créer, selon une programmation pluriannuelle, les places en établissement *nécessaires à l'accueil des jeunes personnes handicapées de plus de vingt ans* ». La loi est-elle aujourd'hui suivie ? J'entends déjà certains administratifs ou politiques dire qu'ils ne disposent pas de chiffres et ainsi continuer à tourner en rond. Des chiffres, il en existe et on sait qu'ils sont déjà bien en dessous de la vérité ! Quand passeront-ils des promesses aux actes ? Quand les décrets et les plans annoncés ne seront-ils plus comparables à l'effet d'un cautère sur une jambe de bois ?

J'ose demander à M. Chossy pourquoi on ne lui a jamais proposé un poste de secrétariat d'état ou ministère sur le sujet. Je comprends que sa franchise et l'objectivité avec laquelle il a traité le sujet, ne sont pas compatibles avec une telle nomination !

26 mai 2014

Rêver

J'ai rendez-vous lundi avec BB, initiales de mon éditrice que je note ponctuellement dans mon agenda et pourraient questionner mon entourage. Rien d'un rendez-vous galant mais une belle rencontre, là encore, une éditrice et une maison d'édition qui osent soutenir des sujets peu vendeurs. En juin 2013, elle m'avait demandé s'il n'y avait pas une question à traiter sur la situation des personnes handicapées accueillies en Belgique. J'étais alors trop déprimée pour percevoir l'intérêt de cette question.

J'ignorais que j'allais débuter quelques mois plus tard ce journal et qu'il répondrait peut-être à ses attentes. Julie a passé les trois derniers week-ends à mes côtés, son Ipad dans les mains. « Maman, tu ne peux pas passer ta vie avec ton ordinateur ». Il y a quelques semaines, elle ne m'aurait pas laissé écrire et même passer un coup de fil, sans m'interrompre, m'accaparer. A-t-elle perçue l'importance de ces lignes. Pour elle ? Pour moi ? Pour notre famille et d'autres ?

Je prends le téléphone et la voit se concentrer encore plus sur son jeu, autorisation implicite qu'elle me donne. J'appelle Mme Rucquoy[1] de l'AWIPH. Ne pas avoir l'avis de l'agence wallonne serait regrettable. Elle est un peu sur la défensive quand je lui explique ma démarche. Elle aborde immédiatement le dernier article de la presse française et ses photos choquantes. Elle se dit en colère et trouve que les journalistes prennent des positions dangereuses témoignant d'une réelle méconnaissance de certains handicaps. L'approche en Belgique privilégie la liberté des personnes handicapées plutôt qu'une contention physique ou médicamenteuse comme souvent en France. La qualité de vie est alors bien différente et cela permet peu à peu un réel travail. Il faudra peut-être dix ou vingt ans à certains pour accepter des meubles, des vêtements mais les équipes avancent au-delà de ce constat, là ou logiquement les familles s'épuisent. Elle insiste : « *les établissements belges*

1. Mme Rucquoy est responsable de la Direction des services d'Accueil et d'Hébergements des Adultes de l'AWIPH.

posent comme principe premier le respect de la liberté des personnes, y compris avec gros troubles du comportement même si le mobilier et les murs doivent en souffrir».

L'approche belge est aussi plus axée sur le pédagogique et l'éducatif. La personne handicapée n'est pas considérée comme malade et les établissements sont non médicalisés. Cela change tout selon elle.

Lorsque Mme Rucquoy m'explique le financement des établissements, je mesure le chemin qu'il nous reste à parcourir en particulier dans l'évaluation des besoins de la personne. Une commission pluridisciplinaire calcule selon le niveau d'autonomie (A, B ou C), le montant annuel de la prise en charge qui fluctue entre 40 000 et 60 000 euros par an[2]. Cette évaluation est complétée par une grille de diagnostic qui permet d'orienter vers tel ou tel établissement. C'est donc le résident qui a une «enveloppe» de prise en charge selon ses besoins, ce qui permet une hétérogénéité des résidents, sans doute intéressante pour limiter le burn-out du personnel[3].

2. Une place en foyer de vie est financée par la France aux alentours de 60 000 euros. Il est donc vrai de dire qu'il n'y a pas de différence de coût pour les établissements agrées. Mais ce n'est pas le cas avec le financement des structures APC dans lesquelles sont pris en charge l'essentiel des français.
3. Les établissements ne sont pas étiquetés de MAS, FAM ou foyer de vie comme en France.

Cette somme n'est pas réduite si la personne est hospitalisée. De plus, 138 jours par an de retour en famille sont autorisés. Les institutions adressent régulièrement des relevés de présence. En outre, l'Agence intègre dans les subventions, l'ancienneté des personnels des établissements.

Elle me confirme que l'agence ne gère que les questions de handicap physique et mental alors qu'en France, les MDPH sont aussi en charge de maladies organiques et de la dépendance liée au grand âge.

Elle reconnaît qu'il y a problèmes dans des établissements non agréés du secteur APC, mais pas seulement. Toutes les équipes ne sont-elles pas soumises à ce risque ? Il faut surtout éviter les généralisations, insiste-t-elle. L'agence va d'ailleurs travailler sur des standards de qualité plus importants.

Au sujet des sociétés privées, Mme Rucquoy déclare : « *Donner une autorisation à de services constitués en sociétés commerciales pose* à l'Agence de réelles questions éthiques. *Néanmoins, à l'heure actuelle, en raison de la Directive européenne sur les sociétés de services, le Gouvernement wallon ne peut prendre de disposition pour les interdire.* »

Mme Rucquoy me dit alors qu'elle est aussi responsable du dispositif des places d'urgence proposées pour les situations difficiles. L'AWIPH n'a aucun pouvoir sur les établissements et il s'agit à chaque fois d'une négociation. L'épuisement des familles est pour elle un critère important, mais comment l'évaluer ? Selon les situations, une solution est proposée en quelques jours mais hélas parfois aussi en deux ans. En moyenne, il faut compter quelques mois.

Elle connaît parfaitement le terrain, les établissements et leurs offres de prise en charge. Nous sommes bien loin de ce que j'ai pu rencontrer dans ma région depuis des mois. Hélas.

En raccrochant, je rêve d'une simplification avec un seul organisme payeur pour des situations de handicap clairement listées. Je rêve d'un système non normatif qui tienne compte de l'autonomie, bien sûr, mais mette aussi en avant les compétences. Les personnes avec handicap ne seraient plus considérées comme malades. Les enfants avec handicap ne dépendraient plus de la sécurité sociale, les IME entreraient dans les écoles, l'inclusion aurait vraiment lieu.

Rêver n'a jamais fait de mal à personne, dit-on. Sauf peut-être au rêveur à son réveil...

Ma pensée vagabonde est interrompue par un « qu'est-ce qu'on mange ce soir ? », retour brutal au quotidien.

Le dîner est tendu. Maud et Hadrien expriment de plus en plus souvent leur ras-le-bol de cette situation qui dure. Julie ne veut pas manger. Elle déclare ne pas avoir faim et vouloir tout de suite son histoire et son câlin. Il est 20 h 30 et je vais disparaître pour deux de mes enfants, pendant une soirée encore. Julie m'accapare ainsi pendant deux à trois heures le plus souvent.

Je me souviens avoir été interpellée, dans un article sur BJB, par les mots « enfant cannibale ». Ils sont finalement si proches de notre réalité.

1er juin
Dernière chance

Ce soir, Julie insiste pour que je prenne un « bébé » pour dormir. Depuis quelques semaines, nous avons abandonné le monde de Bourriquet et de ses amis, pour celui des poupons. Elle insiste et me dit : « comme cela, tu seras en sécurité, maman, avec ton bébé ». J'aimerais tellement comprendre la raison d'une telle phrase. De quoi a-t-elle peur, qu'a-t-elle vécue pour tenir de tels mots ?

Elle s'endort vite. Je redescends dans notre chambre et les événements des mois passés me reviennent à l'esprit. La situation de nos exilés mentaux n'est le fruit que de notre politique et de nos insuffisances nationales.

Je repense à cette société inclusive comme la décrit Charles Gardou, une société qui nous amènerait même à faire disparaître le mot de handicap dans une pleine acceptation fraternelle de nos singularités.

J'imagine un nouveau « plan Marshall[1] » à l'instar de celui de l'après-guerre pour reconstruire l'Europe. Il paraîtra peut-être un peu simpliste à nos technocrates, mais combien liront ce livre ? Il est pourtant urgent d'arrêter l'empilement de textes qui complexifient la situation au point de la rendre illisible et immuable. Arrêtons aussi les commissions et les rapports qui ne font que décrire l'aggravation d'une situation pour laquelle aucune décision fondamentale et durable n'a été prise depuis trente ans.

De l'avis de tous, la loi de 2005 est une réelle avancée. Sur le papier, c'est certain. Mais pourquoi ne pas l'appliquer ? Le report probable de la date de mise aux normes d'accessibilité est annoncé. Pourtant les textes prévoyaient une mise en application au plus tard en 2015. Dix ans pour agir ! Une telle limite a permis de reculer et reculer encore... puis d'argumenter sur le coût pour obtenir un ajournement.

Je rêve d'un logiciel qui permettrait de connaître davantage nos concitoyens porteurs de handicap et ainsi de chercher à répondre au mieux à leurs besoins.

1. Le plan Marshall (après son élaboration, il fut officiellement appelé « Programme de rétablissement européen », en anglais *European Recovery Program: ERP*) était un plan américain pour aider à la reconstruction de l'Europe après la Seconde Guerre mondiale.

J'imagine la fin des délais inacceptables de prise en charge dans les CAMSP[2], la disparition des listes d'attente dans les établissements, le droit de vivre à proximité de sa famille.

Je vois des MDPH disposant d'un peu de pouvoir, gérant les admissions dans des établissements qu'elles connaissent, à partir d'un dossier unique. Je vois en pensée un Premier ministre décider de la création de places dans l'urgence, de milliers de places, en utilisant des lits libres en Soins de suite et rééducation par exemple pour les patients relevant de MAS et des bâtiments publics inoccupés pour les foyers de vie, auxquels on donnerait un peu de modernité. En quelques mois, on pourrait former des milliers de jeunes ou de personnes comme Anita qui, au-delà des diplômes, souhaitent s'investir dans le médico-social. Un processus de formation continue et de supervision pensé au niveau national, obligatoire comme dans le monde médical, limiterait enfin les risques de maltraitance et

2. Les CAMSP interviennent auprès des enfants de 0 à 6 ans. Ils exercent des actions de dépistage des déficits ou handicaps, de prévention de leur aggravation et de rééducation par cure ambulatoire. L'ensemble de ces actions cherche à favoriser l'insertion du jeune enfant dans son milieu familial et social, et à soutenir un développement harmonieux. Ils peuvent être spécialisés ou polyvalents avec des sections spécialisées. Ils orientent les familles dans les soins et l'éducation spécialisée si nécessaire.

de négligence actuels. J'entends les réponses de certains : « Mais où allez-vous trouver l'argent ? »

Je repense à un extrait du journal 20 minutes en juin 2013, à propos du lundi de Pentecôte :

> Perte de lisibilité. Cette journée de travail non rémunérée « rapporte 2,4 milliards par an qui vont bien, et je m'y engage, en direction des personnes âgées et des handicapés », a indiqué lundi Michèle Delaunay sur RFI. Ces fonds « sont bien utilisés de manière favorable » et financent « des mesures très concrètes, très utiles » pour « augmenter le nombre de personnels autour des personnes âgées » ou « contribuer à l'aide à domicile », a-t-elle ajouté.

Peut-être peut-on déjà explorer ces pistes et envisager un effort sur quelques années pour les personnes handicapées ?

Enfin, et c'est là le plus important, les personnes handicapées doivent être considérées citoyens à part entière sans exception, leur droit de vote pouvant être délégué si nécessaire à une personne de confiance désignée par le juge des tutelles. Un million de votants pourraient ainsi probablement apparaître et deviendraient alors visibles en période électorale au moins. Enfin, je me vois allumer la télévision et regarder une journée entière dédiée au handicap mental, avec comme pour d'autres, appel à dons. On pourrait y montrer l'autre revers du handicap, les joies, les partages et les actions remarquables menées par certains établissements. Bref, changer de regard.

Les idées ne manquent pas et sont soumises depuis des années par de grandes associations comme l'Unapei ou l'APF. Pourquoi sont-elles si peu entendues ?

J'ai rendez-vous demain matin avec le numéro deux de l'ARS, sur l'insistance de mon chef de service. Il a été patient, acceptant de fait une réduction de mon activité hospitalière depuis vingt mois... En janvier 2013, j'avais déjà signifié au directeur de l'ARS que ma mission en cancérologie pédiatrique était remise en cause par ma situation personnelle. Lettre morte, raison pour laquelle je manque d'entrain pour ce rendez-vous. Nous verrons.

J'ai souvent entendu des relations ou amis me dire :

> C'est fou, tu te rends compte, tu es médecin, tu as des relations et pourtant, aucune solution. Comment font les autres ?

C'est vrai. Depuis vingt mois, j'ai rencontré de hauts responsables administratifs de ma région, des chefs d'entreprise membres de conseils d'administration de très grosses associations, des parents responsables d'associations gestionnaires d'établissements. Tous auraient voulu sincèrement m'aider en apportant une solution à Julie.

Tous, au-delà de leur bonne volonté, sont désarmés.

Certains ont d'ailleurs perçu la gravité de la situation lors de nos rencontres. Connaître à titre personnel ou professionnel une relation qui vit un tel chemin de croix vous impose une meilleure compréhension de la problématique.

Je ne sais pas où Julie posera ses valises dans les semaines qui viennent.

Gwenaelle Bellec, journaliste à TF1, m'avait dit en partant : « Madame vous parlez bien, il faut continuer à témoigner... »

M. Chossy dans son rapport de 2003 paraphrase Brel par ces mots : « Chez ces gens-là, Monsieur, on ne dit rien, on pleure... »

J'ai beaucoup pleuré.

Puis j'ai voulu comprendre.

Aujourd'hui je veux dire.

Remerciements

Aux équipes de la MAS des Oliviers et du FAM des Piérides pour leur soutien et pour avoir accueilli Julie provisoirement pendant ces vingt mois. Votre travail lui a permis de se reconstruire.

À mes témoins anonymes : Sylvie et Amélie, Coryne, Isabelle et Yoann, Fleur et Christophe, M.P.

À M. Devoldère (président ATINORD), C. Prado et T. Nouvel pour l'UNAPEI, M. de Thibault et son équipe (Château de Callenelle), M. J. F. Chossy, M. C. Gardou, Mme Rucquoy pour l'AWIPH, Mme E. Zucman, Mme Kempenners (AFrAHM).

Aux collègues, membres de nos familles et amis qui nous ont soutenus dans cette tourmente, nous permettant de continuer à travailler et vivre.

Table des matières

Mis en pages par DV Arts Graphiques à La Rochelle
Achevé d'imprimer en France en août 2014
par Normandie Roto Impression s.a.s.
Dépôt légal : septembre 2014 – N° d'impression : 1402862